I0211326

Église, politique et démocratie

LIVRES HIPPO

Église, politique et démocratie

Réflexions théologiques africaines

**Sous la direction de
Solomon Andria**

LIVRES HIPPO

© Solomon Andria, 2022

Publié en 2022 par LivresHippo.
- Centre de Publications Évangéliques, 08 B.P. 900 Abidjan 08, Côte d'Ivoire
- Presses Bibliques Africaines, 03 B.P. 345 Cotonou, Bénin
- Éditions CLÉ, B.P. 1501 Yaoundé, Cameroun
- Excelsis Diffusions, 385 chemin du Clos 26450 Charols, France
- Langham Partnership PO Box 296, Carlisle, Cumbria, CA3 9WZ, Royaume-Uni, www.langhampublishing.org
- Conseil des institutions théologiques d'Afrique francophone (CITAF), B.P. : 684 Abidjan, Côte d'Ivoire, www.citaf.org

ISBNs:
978-1-83973-066-5 Format papier
978-1-83973-728-2 Format Mobi
978-1-83973-727-5 Format ePub
978-1-83973-729-9 Format PDF

Solomon Andria déclare à l'éditeur et aux cessionnaires, aux preneurs de licences et aux successeurs nommés de l'éditeur son droit moral d'être reconnu comme l'auteur des parties écrites par le directeur de l'ouvrage dans la présente œuvre, conformément aux sections 77 et 78 du « Copyright, Designs and Patents Act, 1988 ».

Tous droits réservés. La reproduction, la transmission ou la saisie informatique du présent ouvrage, en totalité ou en partie, sous quelque forme ou par quelque procédé que ce soit, électronique, mécanique, photographique, est interdite sans l'autorisation préalable de l'Éditeur ou de la Copyright Licensing Agency. Pour toute demande d'autorisation de réutilisation du contenu publié par LivresHippo, veuillez écrire à publishing@langham.org.

Les citations bibliques avec la mention « LSG » sont tirées de la Bible version Louis Segond 1910 (publiée en 1910 par Alliance Biblique Universelle).

Les citations bibliques avec la mention « S21 » sont tirées de la Bible version Segond 21 Copyright ©2007 Société Biblique de Genève. Reproduit avec aimable autorisation. Tous droits réservés.

Les citations bibliques avec la mention « TOB » sont tirées de la Traduction oecuménique de la Bible ©Société biblique française Bibli'O et Éditions du Cerf, 2010. Avec autorisation.

British Library Cataloguing in Publication Data
A catalogue record for this book is available from the British Library

ISBN : 978-1-83973-066-5

Mise en page et couverture : projectluz.com

Les éditeurs de cet ouvrage soutiennent activement le dialogue théologique et le droit pour un auteur de publier. Toutefois, ils ne partagent pas nécessairement les opinions et avis avancés ni les travaux référencés dans cette publication et ne garantissent pas son exactitude grammaticale et technique. Les éditeurs se dégagent de toute responsabilité envers les personnes ou biens en ce qui concerne la lecture, l'utilisation ou l'interprétation du contenu publié.

Préface

L'Église en Afrique, en particulier l'Église évangélique, a pendant longtemps été en marge des questions de politique et de gouvernance, soit par choix, soit par contrainte. Dans le premier cas de figure, l'Église s'est abstenue de participer au processus de gestion de son environnement politique, social et culturel selon le mandat donné à l'être humain par le Créateur (cf. Gn 1.27-28). Deux raisons peuvent expliquer cette attitude. La première est d'ordre psychologique et a trait à la perception négative et/ou à la peur de la chose politique. En effet, la politique a souvent été diabolisée dans certains milieux où elle est perçue comme une activité séculière, donc opposée au domaine spirituel. À cette connotation négative s'ajoute la peur de s'aventurer sur un territoire inconnu où l'on risquerait de commettre des erreurs dont les conséquences sur l'Église sont imprévisibles.

La deuxième raison qui justifie l'absence de l'Église de l'arène politique est d'ordre théologique. Certains chrétiens ou théologiens défendent l'idée selon laquelle l'Église ne doit pas faire de la politique. La raison invoquée est que l'Église devrait se focaliser sur sa mission première qui est l'évangélisation et le « salut des âmes ». Pourtant, le fait de renoncer à cette responsabilité n'exonère pas l'Église de ses obligations envers le pouvoir politique.

Dans le deuxième cas de figure, l'Église s'est souvent confrontée aux intimidations des politiciens pour qui son intervention était dérangeante. Depuis les indépendances formelles dans les années 1960, plusieurs courants politiques et idéologiques ont vu le jour dans les pays africains. Le multipartisme qui s'était très vite implanté dans certains pays au lendemain de ces indépendances s'est très rapidement mué en monopartisme. Dans certains cas, ce sont des régimes militaires qui se sont succédés pendant deux ou trois décennies. Qu'il s'agisse des partis uniques ou des régimes d'exception, l'avis de l'Église n'était souvent pas le bienvenu au cours de cette période. Les intimidations, les menaces directes ou voilées, l'absence de juridictions libres et indépendantes comme voies de recours en cas d'abus des pouvoirs politiques, sont autant de facteurs qui ont contribué à étouffer la voix de l'Église et à décourager sa participation dans le processus politique.

Il convient cependant de noter qu'au cours des trente dernières années de l'histoire politique de l'Afrique, la participation de l'Église a revêtu plusieurs formes, allant de la complicité silencieuse à un engagement actif. Le constat est qu'entre hésitation et participation, l'Église n'était souvent pas bien préparée pour assumer pleinement et efficacement son rôle prophétique. Elle a été accusée de partialité, ou de connivence, ou encore d'amateurisme.

Aujourd'hui, le multipartisme est une réalité dans la plupart des pays africains. La démocratie, même dans sa forme actuelle qui est une sorte de « copier-coller » des démocraties européennes et américaines, est une composante majeure du paysage politique africain contemporain. Quoi que l'on en dise, cette démocratie présente des avantages multiples que l'Église doit saisir. Ces avantages incluent entre autres la garantie des libertés et droits fondamentaux et la liberté de culte. L'attitude de l'Église doit changer. C'est justement l'un des objectifs de ce livre : amener l'Église, et donc chaque chrétien, à repenser son engagement politique afin de contribuer plus efficacement au progrès de nos nations. Ce livre n'est pas un manuel de politologie, ni une doctrine biblique sur le sujet de la politique, encore moins une panacée de recettes miracles. Il contient des réflexions stimulantes et aborde les questions liées au rôle et à la place de l'Église dans la gestion de la chose politique ainsi que des conditions de sa participation au processus politique et démocratique en cours dans nos pays à la lumière de la Parole de Dieu.

L'Église en Afrique dispose aujourd'hui des compétences humaines et du poids démographique requis pour exercer une influence sur le processus politique et démocratique dans plusieurs pays africains. Elle doit jouer sa part en apportant sa pierre dans la construction de l'édifice démocratique en Afrique. L'espace public dans un régime démocratique est inclusif et il appartient à l'Église et à elle seule d'occuper la place qui lui revient dans cet espace. Les théologiens, philosophes, éthiciens, sociologues et anthropologues chrétiens ont pour mission d'éclairer l'Église et de la guider en vue de sa participation efficace à la gestion politique des États modernes en Afrique. Ils sont également appelés à servir d'aiguilleurs de conscience de la société civile et des partis politiques en partant de la foi chrétienne et en se fondant sur la Parole de Dieu, seule juge suprême de nos valeurs sociales, culturelles et politiques. *Église, politique et démocratie* est un livre qui appelle à l'engagement responsable de l'Église et du chrétien dans les affaires du monde en vue d'une transformation qualitative des sociétés africaines. Le consortium LivresHippo est heureux de pouvoir le mettre à la disposition de l'Église en espérant qu'il servira de catalyseur pour des discussions fructueuses sur le sujet.

Yacouba Sanon
Professeur d'Ancien Testament,
Faculté de Théologie Évangélique de l'Alliance Chrétienne (FATEAC),
Abidjan, Côte d'Ivoire
Coordinateur de la littérature pour l'Afrique francophone

Introduction

Pourquoi ce titre : *Église, politique et démocratie* ? D'une part, l'Église en Afrique connaît une croissance numérique remarquable, elle a des ressources humaines et intellectuelles non négligeables, bien plus que dans les autres continents. Et d'autre part, elle se sent incapable de relever les défis que le continent connaît actuellement, et qui ont pour nom violence, instabilité politique, pauvreté, immoralité, souvent sous forme de corruption. Elle a peu d'impact sur la société africaine. Un dirigeant africain aimait à dire que l'Église en Afrique ne grandit pas, elle grossit. Certes, cette description ou présentation « populaire » de l'Église en Afrique est une simplification, voire une caricature. Elle est populaire parce qu'elle ne peut être objectivement justifiée. Mais elle communique une vérité incontournable, l'Église aurait pu mieux faire à l'image de l'Église en Occident dans les siècles passés. La société occidentale repose sur des valeurs chrétiennes, bien qu'elle soit attirée par la laïcité.

Cet ouvrage voudrait donc aider le lecteur à mener une réflexion sur l'impact de l'Église en Afrique sur les sociétés africaines. Son but n'est pas de faire de l'Afrique un continent chrétien, mais de faire participer les croyants chrétiens à la vie de la société pour qu'elle soit plus humaine et plus agréable à vivre, en attendant l'avènement du royaume dans sa plénitude.

Il est tout à fait logique de commencer par la précision des termes qu'on utilise pour éviter tout malentendu, d'autant que la langue française est une deuxième langue pour beaucoup. Le premier terme à la mode prononcé plusieurs fois dans la journée est le terme « démocratie ». L'auteur du premier chapitre donne une place de choix à l'histoire de sa définition, depuis son origine. En effet, c'est un concept né dans l'Antiquité grecque. On en déduit qu'il est fondamentalement occidental. Au-delà de l'Occident, ce concept est étranger, ignoré et parfois même absent. Même en Occident, la démocratie varie dans sa forme selon les pays. Par exemple, la démocratie anglo-saxonne est bien différente de la démocratie républicaine. Sous d'autres cieux, par exemple en Asie, les citoyens vivent bien leur vie et se soucient peu de la démocratie. Nous comprenons alors la double difficulté que l'Église en Afrique connaît face à la démocratie. Comment en effet appliquer la démocratie dans la culture africaine et comment la vivre dans un monde géré par les religions traditionnelles ?

Le chapitre 2 sur la théologie et la politique trouve sa place dans cette réflexion. Ainsi devra-t-on faire le tour de la Bible pour examiner les textes sur la politique et lire dans l'Histoire de l'Église les événements et faits sur le rapport entre l'État et l'Église. C'est ainsi que s'élabore la théologie comme réflexion biblique sur la vie de la société. Cette théologie façonnera la pensée des chrétiens et les aidera à poser des actes qui soient conformes à la vision de Dieu pour les humains dans la société.

La politique elle-même a son histoire ! Force nous est de constater que la démocratie, nouvellement arrivée en Afrique, est perçue comme la vérité sans alternative. Autrement, l'on tomberait dans la dictature, étant entendu que la dictature est la non-politique. Ainsi, le chapitre 3 sur l'Église et la démocratie en Afrique vient à point nommé. L'Église en Afrique a participé à la démocratisation de la société, sait-on. En fait, il s'agit de suivre le modèle occidental. Dans ce sens, la démocratisation ressemble à l'occidentalisation. Ne faudra-t-il pas faire la différence entre démocratie et État de droit, ou démocratie et bonne gouvernance ? Des mises au point mais aussi des mises à jour s'avèrent nécessaires, autrement l'Afrique singera l'Occident.

Il faudra aller plus loin, le chapitre 4 avec « l'Église et l'avenir de la politique en Afrique » comme sujet mérite une bonne réflexion. L'histoire est éclairante, elle aide à bien gérer le présent et à préparer l'avenir. L'Église a là un rôle prophétique à jouer. Elle communique la pensée de Dieu aux dirigeants sur le présent et sur l'avenir. Elle rappelle régulièrement que Dieu, le Tout-puissant et le juste Juge est au-dessus de toute autorité qui existe et que celle-ci rendra compte un jour. L'Église a aussi un rôle éducatif. Elle forme les chrétiens à être de bons citoyens. Les chrétiens doivent être les meilleurs citoyens de leur pays et faire penser à un royaume idéal, le royaume à venir de Dieu. Si l'Église ne joue pas fidèlement le rôle que Dieu lui confie, elle pourra être instrumentalisée ou même manipulée par les politiciens. L'enjeu est important : agir ou subir !

Cependant, la politique évolue. Avant l'avènement de la démocratie telle qu'elle se présente aujourd'hui, au XXIe siècle, la politique en Afrique a changé de contenu et de forme. Depuis l'indépendance en effet, il y a eu une succession d'idées et de pratiques politiques. Le multipartisme géré tant bien que mal est à présent une réalité dans la plupart des pays. Le chapitre 5 sur le multipartisme mène une réflexion sur ce sujet et propose une perspective biblique.

Le dernier chapitre traite de l'engagement politique du chrétien, sachant que l'Église est constituée d'hommes et de femmes acquis pour Dieu, pour l'extension du royaume sur terre. Le chrétien africain peut beaucoup contribuer à la transformation de l'Afrique, étant entendu que la vraie transformation ne pourra venir que de l'Église. Le Nouveau Testament et l'histoire ont bien montré la participation de l'Afrique au développement de l'Église aux premiers siècles et par la suite de la société.

Le lecteur constatera qu'un sujet est évoqué dans plusieurs chapitres. Il lira par exemple plusieurs définitions de la démocratie dans ce livre. Il constatera qu'une même histoire est relatée par deux ou même trois auteurs ! Car ces auteurs voient la même réalité sous divers angles.

Solomon Andria
Directeur de l'ouvrage

1

Démocratie, le mot et ses contours

Mamy RAHARIMANANTSOA

1. Constats

Selon Francis Dupuis-Déri, « la démocratie est seule aujourd'hui à détenir une légitimité politique[1] », et pour beaucoup, la chute du mur de Berlin en 1989 en Occident et du rideau de fer est perçue comme une « victoire de la démocratie[2] ». Cependant, derrière ce cri de triomphe se cache une crise notoire caractérisée par la montée du radicalisme et la résurgence des conflits et des tensions sociopolitiques souvent relatives à la démocratie. Dans le contexte africain, le malaise de la démocratie se manifeste par l'enlisement des régimes dits démocratiques dans l'entêtement des dirigeants à se maintenir au pouvoir par des changements de constitution sur mesure, et la difficulté dans le respect de l'alternance au pouvoir ou dans le respect des libertés et des droits de l'homme que l'on reconnaît comme faisant partie des valeurs et des règles de la démocratie. Ailleurs, « dans toutes les sociétés de démocratie établie, on constate une crise de confiance envers l'institution représentative[3] » ou encore une baisse du taux de participation électorale[4]. Il est difficile d'établir un diagnostic satisfaisant et

---

1. Francis Dupuis-Déri, « Qu'est-ce que la démocratie ? », *Horizons philosophiques*, vol. 5, n°1, automne 1994, p. 84.
2. *Ibid.*, p. 89.
3. Denis Monière, « La démocratie en questionnement », dans *Internet et la Démocratie*, Monière et Wollank Éditeurs, 2002, p. 18, disponible en ligne : https://www.erudit.org/fr/livres/hors-collection/internet-democratie--2-9807506-0-3/ (consulté le 4 juin 2020).
4. *Ibid.*, p. 18-19.

complet, mais le malaise démocratique est là. Sintomer écrit : « L'insatisfaction se développe devant une démocratie somme toute fort limitée, monopolisée par la classe politique et qui s'avère impuissante face aux processus de mondialisation économique[5]. »

Pourtant, la plupart des nations modernes ont adopté la voie de la démocratie[6]. Pour les États africains, Tchikaya décrit : « Les chefs d'État et de gouvernement de l'Union africaine (UA) ont adopté le 30 janvier 2007 à Addis-Abeba (Éthiopie), une charte africaine de la démocratie, des élections et de la gouvernance[7]. » Parmi les objectifs de la Charte, il y a celui de « promouvoir l'adhésion de chaque État partie aux valeurs et principes universels de la démocratie et le respect des droits de l'homme[8] ». La Constitution de la République de Madagascar du 11 Décembre 2010, stipule dans son article 1 : « La démocratie et le principe de l'État de droit constituent le fondement de la République. Sa souveraineté s'exerce dans les limites de son territoire[9]. » De même, on lit dans les deux premiers articles de la Constitution de la République du Congo du 25 octobre 2015 : « Art. 1 : La République du Congo est un État de droit, souverain, unitaire et indivisible, décentralisé, laïc et démocratique. Sa capitale est Brazzaville. Art. 2 : Le principe de la République est : Gouvernement du peuple, par le peuple et pour le peuple[10]. » Francis Dupuis-Deri indique : « Au Rwanda, les écoliers et les travailleurs devaient chanter, tous les matins : "La démocratie a sauvé le Rwanda, la démocratie nous a apporté la paix et l'unité. Démocratie, que tu es belle"[11] ! » Il indique en note qu'il s'agit d'« un slogan imposé par le général Habyarimana, ancien président du Rwanda arrivé au pouvoir par coup d'État militaire le 5 juillet

5.   Yves SINTOMER, « La démocratie impossible ? » http://www.sintomer.net/file/LA_DEMOCRATIE_IMPOSSIBLE_VERSION_PROPRE.pdf, p. 12.
6.   Blaise TCHIKAYA, « La charte africaine de la démocratie, des élections et de la gouvernance », *Annuaire français de droit international*, 54, 2008, http://www.persee.fr/doc/afdi_00663085_2008_num_54_1_4040.
7.   *Ibid.*, p. 515.
8.   Article 2 de la « Charte africaine de la démocratie, des élections et de la gouvernance », p. 3, disponible en ligne : http://www.ipu.org/idd-f/afr_charter.pdf.
9.   Ministère de la Justice de Madagascar, « Constitution : La Constitution de la Quatrième République », disponible en ligne : http://www.justice.mg/organisation-judiciaire/les-principaux-textes-de-la-justice/constitution-extrait/ (consulté le 4 juin 2020).
10. Secrétariat Général du Gouvernement, « Constitution de la République du Congo, adoptée par référendum le 25 octobre 2015 », disponible en ligne : https://www.sgg.cg/fr/journal-officiel/constitution.html (consulté le 4 juin 2020).
11. Francis DUPUIS-DERI, « Qu'est-ce que la démocratie ? », *Horizons philosophiques,* vol. 5, n°1, 1994, p. 92.

1993 et assassiné en 1994[12] ». Ces exemples montrent à quel point la démocratie est une donnée importante.

De plus, les Églises protestantes dans leur fonctionnement adoptent des pratiques démocratiques. Le fait le plus décisif pour l'unité essentielle des grands types d'organisation d'Église (congrégationaliste, presbytéro-synodale et épiscopale) est qu'ils ont tous bien assimilé le principe de la démocratie[13], et ont influencé l'évolution démocratique des nations, à l'exemple de la démocratie américaine qui s'inspirait de l'organisation démocratique des Églises de la Nouvelle-Angleterre[14]. À l'époque moderne, Dunn, en 1979, dans sa théorie démocratique, écrit que toutes les idéologies contemporaines, les régimes, les partis et mouvements se réclament d'être démocratiques[15]. Le Pourhiet note :

> L'époque contemporaine est indéniablement marquée par une explosion de l'utilisation du terme démocratie que l'on rencontre généralement abondamment adjectivée. L'on trouve ainsi invoquée la démocratie sociale, culturelle, sanitaire, administrative, participative, ethnique, sexuelle, environnementale […], sans oublier la fameuse e-démocratie. […] Ces expressions visent soit des procédures de discussion et de participation publiques des individus et groupes à toutes sortes de débats, soit la présence de certaines catégories (ethniques, sexuelles, religieuses…) de citoyens dans des instances publiques[16].

Parlant de la Constitution française de 2005, elle note l'usage de la démocratie comme un abus de langage : « On rappellera sur ce point que l'on a osé écrire, en 2005, dans le préambule de la Constitution, que "le peuple français proclame" la

---

12. *Ibid.*, p. 92, note n°31.

13. N. V. HOPE, « Church Organization : Its Development and Forms », dans Ralph. G. TURNBULL, sous dir., *Baker's Dictionary of Practical Theology*, Grand Rapids, Baker Book House, 1967, p. 246-247.

14. S. RUSTEN, E. MICHAEL, *The Complete Book of When & Where in the Bible and throughout History*, Wheaton, IL, Tyndale House Publishers, 2005, p. 275-276. Cf. J. RATZINGER, Church, Ecumenism and Politics : New Endeavors in Ecclesiology, trad. M. J. Miller, San Francisco, Ignatius Press, 2008, p. 203.

15. John DUNN, *Western Political Theory in the Face of the Future*, New York, Cambridge University Press, 1979, p. 55.

16. Anne-Marie LE POURHIET, « Définir la démocratie », *Revue française de droit constitutionnel*, 2011/3, n⁰ 87, 2011, p. 458. Cf. Jens HOFF, Ivan HORROCKS, Pieter TOPS, sous dir., *Democratic Governance and New Technology: Technologically Mediated Innovations in Political Practice in Western Europe*, Londres, Routledge, 2000 ; Martin HAGEN, « A Typology of Electronic Democracy », 1998, http://martin-hagen.net/publikationen/elektronische-demokratie/typology-of-electronic-democracy/.

Charte de l'environnement alors que ce texte n'a jamais été soumis au référendum. C'est assurément un mensonge démocratique[17]. »

De ces constats et concernant la définition de la démocratie, Le Pourhiet déclare :

> La question qui se pose est en effet de savoir si l'on peut à tout moment changer le sens d'une notion aussi capitale, au point de pouvoir lui faire dire à peu près ce que l'on veut, ou s'il n'y a pas, quand même, une exigence minimale de stabilité dans les définitions des termes utilisés dans les normes juridiques...[18].

Il s'avère donc nécessaire de revenir à la définition de démocratie.

2. Mot et histoire

2.1. Le mot

Étymologiquement la démocratie vient des termes grecs *demos* et *kratos* qui signifient littéralement gouvernement du peuple. Dupuis-Déri précise que « c'est dans les *Suppliantes* d'Eschyle, écrites environ en 490 av. J.-C., que les mots *démos* et *kratos* (ici en fait le participe, *kratousa*) se trouvent pour la première fois côte à côte[19] ». Cet auteur note que « d'autres mots tels que *isonomia*, *isegoria* et *isomoiria* furent également utilisés par les Grecs pour représenter avec quelques variables le concept de *demokratia*[20] ». De Romilly précise que le terme *isonomia* évoque l'égalité des droits, comme elle rapporte aussi qu'Hérodote oppose un autre terme *isokratia* à la tyrannie[21]. En philosophie politique, la démocratie était perçue comme une forme de gouvernement. Elle est l'expression de la souveraineté collective, à côté du gouvernement de quelques-uns ou des élites (aristocratie) et du gouvernement d'un seul (monocratie) ou négativement du gouvernement de la foule (ochlocratie).

---

17. Le Pourhiet, « Définir la démocratie », p. 462.
18. *Ibid.*, p. 454.
19. Dupuis-Deri, « Qu'est-ce que la démocratie ? », p. 86.
20. *Ibid*, p. 87.
21. Jacqueline de Romilly, « Le classement des constitutions d'Hérodote à Aristote », *Revue des Études Grecques*, tome 72, fascicule 339-343, 1959, janvier-décembre, p. 93.

2.2. Principes déterminants

Commentant Aristote, Cope décrit le *horos* comme la marque caractéristique, ou le principe déterminant qui distingue chaque forme de gouvernement individuellement, et dans chaque cas, il y une conception spéciale de la justice politique, *to dikaion*[22]. Ainsi, la démocratie se distingue du reste par la répartition des fonctions entre les individus et par le sort, chaque membre de l'ensemble des citoyens ayant la même chance de les obtenir ; ce qui revient à dire que le *horos* d'une démocratie ou son principe déterminant, ce qui donne son caractère spécial, est « l'égalité », *isotés.* La « liberté » et « l'égalité » sont les mots d'ordre d'une démocratie. Un autre *horos* de la démocratie est la volonté de la majorité : là où elle est souveraine, l'État est démocratique. Cette théorie de la démocratie repose sur la notion d'égalité des citoyens. L'utilisation du tirage au sort (*klèros*, non seulement « sort », mais « lot, apanage »), qui permet le choix du candidat au hasard, en est un exemple, car cela suppose l'égalité des droits de tous les citoyens à la fonction ou à l'office[23]. Selon Demont, « c'est l'instauration de la démocratie qui a peu à peu démocratisé cette pratique d'origine aristocratique et religieuse[24]. » Pour Hérodote, les trois marques de la démocratie sont l'élection par le sort, la responsabilité des officiers qui doivent rendre compte et le contrôle populaire de toutes les mesures[25].

2.3. Formes de gouvernement

Quant aux formes de gouvernement, Aristote en distingue trois qui sont des formes normales, à savoir, l'aristocratie, la monarchie et la *politéi*[26]. Toutes trois sont préoccupées par le bien commun de la communauté et utilisent le pouvoir souverain à cette fin. À celles-ci correspondent trois formes déviantes ou corrompues de gouvernement, dans lesquelles le pouvoir de l'État est utilisé dans l'intérêt privé des dirigeants, à savoir la tyrannie, l'oligarchie et la démocratie. Ainsi, dans une tyrannie, le tyran, un monarque qui n'est pas géré par la loi, utilise

---

22. E. M. COPE, *Commentary on the Rhetoric of Aristotle*, vol. 1, Medford, MA, Cambridge University Press, 1877, p. 153-154.

23. *Ibid.*

24. Paul DEMONT, « Tirage au sort et démocratie en Grèce ancienne », 22 juin 2010, en ligne : http://www.laviedesidees.fr/Tirage-au-sort-et-democratie-en-Grece-ancienne.html, (consulté le 3 mai 2017).

25. W. W. HOW, *A Commentary on Herodotus* (English), Medford, MA, Perseus Digital Library, Wheaton, IL, Crossway Books, 2000, p. 278.

26. Gouvernement constitutionnel. Cf. l'article de Jacqueline de Romilly cité plus haut sur les constitutions grecques.

son pouvoir pour ses propres fins, tandis que dans une oligarchie, le pouvoir est entre les mains d'une minorité riche et en démocratie, il est orienté vers l'intérêt des personnes sans ressources ou les pauvres[27]. De Romilly écrit au sujet de cette classification :

> [...] quant aux déviations, ce sont naturellement la tyrannie, qui ne vise que l'intérêt du monarque, l'oligarchie qui ne vise que celui du petit nombre, et la démocratie, qui ne vise que celui des gens sans ressources[28].

Pour Platon, la démocratie devient comme inefficace du fait que le pouvoir soit trop fractionné[29]. De Romilly conclut :

> En tendant à épouser de plus en plus étroitement la réalité, le classement des divers régimes est devenu, presque nécessairement, un classement idéal, dont aucun élément ne se retrouve à l'état pur dans la réalité. Le classement initial était nominal, extérieur, formel. En se nuançant, il a voulu se préciser, mais il a aussi changé de caractère : le réel, dont il a voulu s'approcher, l'a, du coup, fait éclater et rebondir dans le monde des pures théories. De trois à six constitutions, l'esprit grec a élaboré une savante construction ; et son souci de la parachever n'a fait qu'en révéler le caractère purement intellectuel[30].

D'où la note de Dupuis-Déri qui tombe à propos :

> Il est ironique de constater que les écrits grecs portant sur la démocratie et qui parviennent jusqu'à nous sont le fruit des ennemis de la démocratie. Platon et Aristote quant à eux méprisaient la pratique démocratique[31].

27. M. C., SMITH, « government », dans J. HASTINGS, J. A. SELBIE, & L. H. GRAY, sous dir., *Encyclopædia of Religion and Ethics*, Edinburgh/New York, T. & T. Clark/Charles Scribner's Sons, vol. 6, 1908, p. 360.
28. ROMILLY (de), « Le classement des constitutions d'Hérodote à Aristote », p. 92.
29. PLATO, *Plato in Twelve Volumes*, trad. Harold N. Fowler, vol. 12, Medford, MA, Cambridge, MA, Harvard University Press ; Londres, William Heinemann Ltd., 1921.
30. ROMILLY (de), « Le classement des constitutions d'Hérodote à Aristote », p. 99.
31. DUPUIS-DERI, « Qu'est-ce que la démocratie ? », p. 86.

2.4. Démocratie à Athènes

L'histoire nous apprend que la cité-État d'Athènes aux Ve et IVe siècles av. J.-C. jusqu'à sa conquête par Philippe II de Macédoine et la fin de son indépendance en 338 av. J.-C., est connue comme un modèle de démocratie[32]. À Athènes, les citoyens mâles avaient le droit de voter dans les assemblées populaires qui prenaient des décisions politiques. La sphère des décisions politiques embrassait potentiellement tous les domaines de la vie sociale. Mais il n'y avait pas de partage de pouvoir dans le sens moderne, l'exécutif élu par le peuple n'utilisait pas de mécanisme bureaucratique[33]. Sur ce point, Smith explique que les trois fonctions ou ministères (moria) de l'État selon Aristote (instance délibérative, exécutive, judiciaire) n'ont pas été distinctes, sauf dans leurs appellations, jusqu'à des temps relativement récents[34]. En Grèce comme à Rome, elles étaient souvent exercées par les mêmes personnes, par exemple par l'*ecclésia* athénienne. Ce n'est qu'au XVIe siècle que l'une de ces fonctions au moins, la fonction judiciaire, sera exercée de manière autonome et que les rois devront s'abstenir d'administrer la justice en personne[35].

À Athènes, c'était donc une démocratie directe dans une société qui avait agi par la pratique du bouche-à-oreille, et de ce fait, tous étaient potentiellement informés et compétents et le lieu de l'assemblée (c'est-à-dire l'agora) était facile d'accès[36].

Les limites de cette démocratie directe athénienne étaient d'abord son caractère exclusif, car c'était une démocratie purement masculine. « Elle reposait sur l'asservissement de centaines de milliers d'esclaves et de femmes[37] » et sur une économie soutenue par des résidents qui n'étaient pas reconnus comme des citoyens à part entière. Elle existait comme le centre d'une zone libre de commerce et de gouvernement. Malgré ces limites, le système de démocratie directe de la cité-État d'Athènes a quelque chose à nous apprendre sur la théorie politique et la participation citoyenne ainsi que sur la réflexion dans la manière dont nous gérons nos sociétés.

---

32. DEMONT, « Tirage au sort et démocratie en Grèce ancienne », p. 7-10.
33. W.-D. NARR, T. STROHM, « Democracy », dans *The Encyclopedia of Christianity*, vol. 1, Grand Rapids, MI/Leiden, Pays-Bas, Eerdmans/Brill, 1999-2003, p. 290.
34. SMITH, « government », p. 362.
35. *Ibid.*
36. NARR et STROHM, « Democracy », p. 290.
37. DUPUIS-DERI, « Qu'est-ce que la démocratie ? », p. 86, cf. aussi p. 90.

2.5. Démocratie dans le Proche-Orient ancien

La démocratie n'était pas le monopole des Grecs, car on trouve dans d'autres cultures primitives des exemples de formes politiques ou d'autres types de gouvernement traditionnel avec un système de démocratie participative, consensuelle, délibérative, comme le Mbongui dans la société traditionnelle Kongo[38], même si on doit reconnaître que ces modèles traditionnels ont des limites et des abus[39]. Également dans les sociétés anciennes mésopotamiennes, on trouve des éléments démocratiques qualifiés de « démocratie primitive » par Jacobsen, avec le concept de représentation, de consultation dans le cadre d'un conseil des dieux ou des hommes[40]. Chirichigno décrit que dans les cités-États du Proche-Orient ancien, l'organisation sociale était basée sur le concept de royauté ou des systèmes de lignage[41]. En même temps, les tribus sumériennes du 2700 av. J.-C. avaient leurs propres systèmes d'auto-gouvernance, c'est-à-dire le conseil des anciens et une assemblée générale des hommes adultes[42]. Il indique que « le roi consultait souvent le conseil des anciens qui, à son tour, consultait l'assemblée populaire des hommes libres chaque fois que le roi s'engageait dans des guerres ou devait prendre d'autres importantes décisions, même s'il pouvait ignorer leurs conseils[43] ».

Quant à l'ancien Israël, sa plus ancienne théocratie avait sans doute des caractéristiques démocratiques. La monarchie soumise à la critique prophétique était aussi le produit d'une alliance conclue avec Dieu et « toute l'assemblée

---

38. Sabine Müri, « Dynamics in the process of contextualization facilitated by a West-European researcher : contextualizing the OT notion of "sin" in the cultural context of the Kongo people in Brazzaville », PhD thesis, Middlesex University London, 2016, p. 138. Cf. Dupuis-Deri, « Qu'est-ce que la démocratie ? », p. 91.

39. Cf. Jean-François Bayart, « La problématique de la démocratie en Afrique noire : "La Baule, et puis après ?" », juin 1990, en ligne : http://www.politique-africaine.com/numeros/pdf/043005.pdf.

40. Cf. S. B. Parker, « Council », dans K. van der Toorn, B. Becking, P. W. van der Horst, sous dir., *Dictionary of Deities and Demons in the Bible*, Leiden/Grand Rapids, Brill/Eerdmans, 1999, p. 204-207 ; T. Jacobsen, « Primitive Democracy in Ancient Mesopotamia », républié dans W. L. Moran, sous dir., *Toward the Image of Tammuz and other Essays on Mesopotamian History and Culture*, Cambridge, MA, Harvard University Press, 1970, p. 157-170 ; C. Westermann, *A Continental Commentary: Genesis 37–50*, Minneapolis, MN, Fortress Press, 2002, p. 81 ; J. H. Walton, *Ancient Near Eastern Thought and the Old Testament : Introducing the Conceptual World of the Hebrew Bible*, Grand Rapids, MI, Baker Academic, 2006 ; W. W. Hallo, K. L. Younger, *The Context of Scripture*, Leiden-New York, Brill, 1997, p. 597.

41. Cf. G. C. Chirichigno, *Debt-slavery in Israel and the ancient Near East*, vol. 141, Sheffield, Sheffield Academic Press, 1993, p. 32-36. Voir note 2 avec importante bibliographie.

42. *Ibid.*

43. *Ibid.*, p. 34 [traduction libre].

conclut une alliance avec le roi dans la maison de Dieu[44] » (2 Ch 23.3, BS). De plus, la notion d'anciens dans la société israélite renvoie à une structure sociale délibérative ou représentative, car les anciens étaient probablement des chefs de familles ou de clans. Moïse leur délégua l'autorité de juger des cas mineurs (Ex 18.12 ; Nb 11.16, 24). Les anciens étaient présents au sein du conseil des rois Saül, David et Salomon[45] (1 S 15.30 ; 2 S 17.15 ; 1 R 8.3).

2.6. Démocratie moderne

Pour bon nombre de chercheurs, sociologues, politologues, etc., c'est le modèle antique grec qui est le mieux connu et le mieux documenté, car il nous permet de nous plonger dans les racines de la démocratie.

En dehors du modèle classique, la démocratie a été longue à s'imposer dans les sociétés occidentales, et ce n'est qu'à l'époque moderne en Europe des XVIIIe et XIVe siècles qu'elle est devenue un concept politique positif. La démocratie est aujourd'hui un critère presque universel de la légitimité de tout gouvernement[46], et « un survol des définitions plus modernes du mot "démocratie" révèle que les penseurs politiques sont restés très attachés à la signification originelle du mot[47] ». Selon Le Pourhiet, « étymologiquement la démocratie est issue du terme grec *demos-kratos* qui désigne le gouvernement de tous, c'est-à-dire la souveraineté collective, par opposition au gouvernement de quelques-uns (aristocratie) et au gouvernement d'un seul (monocratie)[48] ». Selon Dupuis-Déri, « Spinoza, dans son *Traité théologico-politique*, est le premier à formuler une théorie moderne de la démocratie[49] » qui se rapproche de celle des Grecs. Dans l'Outre Atlantique, le discours d'Abraham Lincoln à Gettysburg en 1863 contribua également à la vulgarisation de la démocratie qu'il définit ainsi : « Le gouvernement du peuple, par le peuple, pour le peuple, ne périra pas de la terre » ; Narr et Strohm notent que cette célèbre définition de la démocratie par le président Lincoln faisait écho à d'anciens orateurs, dont Daniel Webster, dans un discours de 1830 : « ... le gouvernement du peuple fait pour le peuple, fait par le peuple et responsable

44. Cf. Narr et Strohm, « Democracy » p. 792 ; A. Tavares, « Quelques termes bibliques relatifs à des institutions anciennes : Problèmes de traduction posés par le vocabulaire concernant les éléments de la population avant la monarchie », *Meta* 321, 1987, p. 39-40.
45. Cf. W. M. Victor, « Elder », dans J. D. Barry *et al.*, sous dir., *The Lexham Bible Dictionary*, Bellingham, WA, Lexham Press, 2016.
46. Dunn, *Western Political Theory*, p. viii, 120.
47. DUPUIS-DERI, « Qu'est-ce que la démocratie ? », p. 88.
48. Le Pourhiet, « Définir la démocratie », p. 454.
49. DUPUIS-DERI, « Qu'est-ce que la démocratie ? », p. 88.

devant le peuple[50] » ; et Theodore Parker, en 1850 : « Une démocratie, c'est-à-dire un gouvernement de tout le peuple, par tout le peuple, pour tout le peuple[51] ». Plus tard, la victoire des alliés lors de la Deuxième Guerre mondiale en 1945 et la chute du mur de Berlin en 1989 contribuèrent à valoriser le concept de la démocratie[52].

3. Problèmes et solutions modernes

3.1. Problèmes

Le concept de démocratie directe selon George a été jugé par les penseurs comme étant irréaliste et impraticable, même s'il y eut des tentatives dans ce sens, par exemple avec les sans-culottes en France, les cas de la Commune de Paris en 1871 ou du soviet (conseil) dans la nouvelle Union des républiques socialistes soviétiques (URSS)[53]. George conclut en ces termes :

> Toutefois, ces exceptions mises à part, un seul système démocratique s'est développé au cours de l'époque moderne, soit celui de la « démocratie représentative », la démocratie étant un principe et la représentation, sa concrétisation politico-institutionnelle[54].

L'application des principes de la démocratie antique grecque à nos sociétés modernes présente des problèmes et des défis. Narr et Strohm en soulignent quatre dont celui de la taille, de la compétence, du fonctionnement de l'État qui utilise en son sein des structures (bureaucratie, armée, police) et des forces qui ne sont pas démocratiquement structurées et qui menacent de saper la démocratie[55]. Un quatrième problème est celui de la sphère de la démocratie qui semble se limiter uniquement aux formes de gouvernement et qu'il faudrait élargir[56].

Le problème de la taille et celui de la compétence peuvent se poser de manière simple : comment participer à des choix et des décisions réguliers dans des sociétés qui comptent des millions de citoyens répartis sur de vastes domaines

---

50. Narr et Strohm, « Democracy », p. 789.
51. *Ibid.*
52. *Ibid.*
53. Éric George, « De la complexité des relations entre démocratie et TIC », *Nouvelles pratiques sociales* 21, n°1, 2008, p. 40, disponible en ligne : https://www.erudit.org/revue/nps/2008/v21/n1/019357ar.pdf (consulté le 25 avril 2017).
54. *Ibid.*
55. Narr et Strohm, « Democracy », p. 790.
56. *Ibid.*

et dans lesquels une multitude de décisions doit être prise quotidiennement en raison de l'interaction complexe de la main d'œuvre et d'une économie orientée vers l'échange ? Est-il possible que tous soient informés sur toutes les questions et que tous soient ainsi équipés pour prendre des décisions complexes[57] ? Posé autrement, ce problème renvoie aux propos de Jean-Jacques Rousseau dans *Du contrat social*, et rapportés par Le Pourhiet :

> « À prendre le terme dans la rigueur de l'acception, il n'a jamais existé de véritable démocratie et il n'en existera jamais. Il est contre l'ordre naturel que le grand nombre gouverne et que le petit soit gouverné. On ne peut imaginer que le peuple reste incessamment assemblé pour vaquer aux affaires publiques » et il [Rousseau] ajoutait un jugement de fond : « De lui-même le peuple veut toujours le bien mais de lui-même il ne le voit pas toujours. La volonté générale est toujours droite, mais le jugement qui la guide n'est pas toujours éclairé. » Il [Rousseau] concluait sur le désenchantement célèbre : « S'il y avait un peuple de dieux il se gouvernerait démocratiquement. Un gouvernement si parfait ne convient pas aux hommes[58]. »

C'est pour dire que la démocratie directe pure est reconnue irréalisable, d'où l'élargissement de la définition de la démocratie qui intègre les mécanismes représentatifs qui font que la souveraineté collective, la volonté populaire majoritaire et le suffrage universel soient garantis. Cette forme de démocratie représentative repose sur les principes des élections libres et du droit de vote.

3.2. Solution : Démocratie représentative

L'époque moderne est dominée par la démocratie représentative, et selon Narr et Strohm, le principe de représentativité remonte à J. Locke (1632-1755) et E. Burke (1729-1797)[59]. La démocratie consiste dans ce sens à élire les représentants politiques. Dunn y ajoute le contexte de l'économie de marché, dans laquelle « la démocratie représentative, constitutionnelle et laïque, fermement ancrée dans une économie essentiellement de marché, domine la vie politique du monde moderne[60] ». C'est l'aboutissement d'un processus dans l'espace

---

57. *Ibid.*
58. Le Pourhiet, « Définir la démocratie », p. 455.
59. Narr et Strohm, « Democracy », p. 791.
60. Dunn, *Western Political Theory*, p. 82 ; cf. Nicole Khouri, « Libéralisme et démocratie » dans *Le libéralisme en question*, Tiers-Monde, tome 40, n°157, 1999, p. 73-86 ; doi : 10.3406/tiers,1999.5367 http://www.persee.fr/doc/tiers_1293-8882_1999_num_40_157_5367.

socioculturel du XXᵉ siècle qui connaît « l'avènement des classes populaires, la généralisation du suffrage universel et l'apparition des partis de masse. [...] Au terme de cette évolution, l'on considère désormais de façon unanime que la démocratie désigne la souveraineté de tous mais qu'elle peut s'exercer soit directement, soit par l'intermédiaire de représentants élus[61] ».

Comment se présente la démocratie représentative ? Il y a en démocratie représentative plusieurs modèles ou théories.

4. Des modèles et théories de démocratie

Tout en adhérant aux grands principes de la démocratie (droit de vote, droits fondamentaux et libertés, inscrits dans la Constitution), chaque modèle met un accent particulier sur la conception de la démocratie. Sans être exhaustif, Monière examine trois conceptions de la démocratie, à savoir, la théorie élitiste, la théorie économique, le modèle républicain[62]. Sintomer, quant à lui, en développe particulièrement quatre : modèles classiques (le libéralisme démocratique anglo-saxon et le modèle républicain français) et modèles contemporains (la démocratie délibérative et la démocratie participative)[63].

4.1. Théorie élitiste de la démocratie

Selon Weber, lorsque la communauté politique s'élargit, « le peuple ne peut que subir la domination des élites. Tout au plus les citoyens peuvent-ils désigner les individus d'exception qui seront des chefs véritables[64] ». Yves Sintomer explique :

> Les partis constituent des structures qui sont elles-mêmes hiérarchiques. Ils canalisent la participation politique des masses et concentrent le pouvoir réel aux mains des dirigeants. L'espace public, dans ce cadre-là, n'est guère qu'un lieu de combat qui permet de sélectionner les chefs les plus aptes à diriger les masses, et n'est pas un lieu d'autodétermination des citoyens. [...] La solution proposée par Weber, c'est l'émergence de chefs charismatiques qui, à la tête de

---

61. Le Pourhiet, « Définir la démocratie », p.456 ; cf. George, « De la complexité des relations », p. 38-51.

62. Monière, « La démocratie en questionnement », p. 20-31.

63. Sintomer, La démocratie impossible ?, p. 1330. Pour une vue synoptique, voir Tableau sur « Les trois paradigmes de la démocratie ».

64. Ibid., p. 61-92.

machines partidaires et étatiques, pourraient entraîner et dominer émotionnellement le peuple tout en respectant la rationalité de l'État bureaucratique et l'économie capitaliste[65].

Dans ce modèle élitiste, il est clair que la démocratie revêt une dimension aristocratique par le biais du « processus de sélection du personnel politique et un système de décision qui confine les citoyens à la marge des décisions politiques[66] ». Au fond, ce modèle repose sur la peur du peuple jugé incompétent pour prendre les décisions politiques importantes[67]. L'élection est alors conçue comme un mécanisme de légitimation des dirigeants qui sont les seuls habilités à prendre les décisions qui s'imposent.

Des auteurs « ont mis en lumière le fait que ceux qui participent au processus de prise de décision ne sont, en dernière instance, qu'un petit groupe. Cette structure se rapproche plus du concept d'oligarchie que de celui de démocratie[68] ».

Voilà l'un des paradoxes de la démocratie, mais la remarque de Le Pourhiet est intéressante sur ce point :

> L'élection est ainsi, note Dominique Schnapper, un « janus » aristocratique parce qu'elle sélectionne des supérieurs à un point de vue ou à un autre, mais en même temps démocratique en ce qu'elle accorde à tout citoyen une voix égale dans le processus du choix ou du rejet des gouvernants[69].

4.2. Théorie économique de la démocratie

Anthony Down avance la thèse suivante :

> En politique démocratique, les partis sont analogues aux entrepreneurs dans une économie tournée vers le profit. Pour cela, les citoyens doivent se comporter, en politique, de manière rationnelle. La politique démocratique est peuplée d'acteurs rationnels qui visent à maximiser leur soutien politique (les partis) et le revenu en utilité issu de l'activité gouvernementale (les citoyens). Les acteurs politiques qui n'ont pas de tel agenda ne sont

---

65. SINTOMER, « La démocratie impossible ? », p. 3.
66. MONIERE, « La démocratie en questionnement », p. 25, se référant à Eva Etzioni-Havely, *The Elite Connection,* Cambridge, Polity Press, 1993.
67. Cf. NARR et STROHM, « Democracy ».
68. DUPUIS-DERI, « Qu'est-ce que la démocratie ? », p. 90.
69. LE POURHIET, « Définir la démocratie », p. 457.

pas rationnels dans le sens économique, et la politique démocratique qui ne repose que sur une telle rationalité est de courte durée[70].

Ainsi, la participation politique des électeurs et des partis politiques vise d'abord à maximiser les profits et les avantages qu'ils tirent de cette participation, ce qui fait reléguer les affaires publiques au second plan, car ce qui prime, c'est d'abord l'intérêt privé et la réussite personnelle[71].

4.3. Le libéralisme démocratique anglo-saxon

Dans le modèle libéral anglo-saxon, qui est aussi une démocratie représentative, la démocratie consiste à élire des représentants, d'où l'instauration d'une aristocratie élective. Mais la participation des citoyens à la vie publique est limitée à plusieurs égards, car « la citoyenneté, conçue essentiellement comme une dimension juridique, n'appelle pas forcément une participation active des citoyens[72] ». Dans ce modèle, les citoyens ont des droits et des intérêts à défendre dans un contexte dominé par l'économie de marché et caractérisé par la séparation des pouvoirs avec une constitution « qui […] va limiter la dynamique démocratique et les abus qui risquent potentiellement d'être commis au nom du peuple[73] ». L'un des défis du modèle libéral se caractérise par la limite et la faiblesse de l'État face à la puissance des intérêts privés. Pannenberg dit ce que l'action devrait être en ces termes : « La représentation du peuple par délégués n'est pas directement liée à la volonté populaire, mais au bien commun qui prime sur les intérêts privés[74] ».

4.4. Le modèle républicain

Tout d'abord, la république est une démocratie représentative, comme nous le rappelle Le Pourhiet qui fait appel aux pères fondateurs américains : « Nous définirons une république, ou du moins ce qu'on peut appeler de ce nom, un gouvernement qui tire tous ses pouvoirs directement ou indirectement de la

---

70. Siméon, Mitropolitski, « Une théorie économique de la démocratie d'Anthony Downs », Bruxelles, Éditions de l'Université de Bruxelles, dans *Politique et Sociétés* 331, 2014, p. 117.

71. Moniere, « La démocratie en questionnement », p. 27-29.

72. Sintomer, *La démocratie impossible ?*, p. 1307.

73. Sintomer, « La démocratie impossible ? », p. 4.

74. W. Pannenberg, *Anthropology in theological perspective*, Londres-New York, T&T Clark, 1985, p. 467-468.

grande masse du peuple[75]. » Dans ce modèle, le gouvernement représentatif est conçu comme expression de la volonté du peuple. À la différence du modèle libéral, « le modèle républicain adopte une vision active de la citoyenneté et une conception communautariste plutôt qu'individualiste de la vie politique[76] ». Les élus y jouent un rôle important, mais « le peuple ne peut parler, ne peut agir que par ses représentants[77] », car, à l'exemple de la République française, « la souveraineté nationale appartient au peuple qui l'exerce par ses représentants et par la voie du référendum[78] ». L'État ayant une dimension aristocratique protège et garantit le citoyen « contre les puissances sociales "privées" », « l'institution des droits des individus est l'œuvre même de l'État », et en même temps, « l'État doit être protégé contre l'influence en son sein des intérêts particuliers »[79]. Parmi les critiques du modèle républicain, on retient la transcendance par l'État républicain du pluralisme des intérêts et la constitution d'une couche de politiciens professionnels qui doivent s'atteler à la poursuite de l'intérêt général et du bien commun.

En somme, ces deux modèles de démocratie (libéral et républicain) reposent sur la conception de l'impossibilité d'une démocratie directe, car le peuple ne peut agir que par ses représentants. Les deux autres modèles (démocratie délibérative et participative) visent à diminuer, voire à supprimer cette dimension aristocratique.

4.5. La démocratie délibérative

La théorie de la démocratie délibérative de Habermas identifie le pouvoir constituant à l'espace public de délibération en le faisant comme le cœur de la société politique ; il veut fusionner ainsi l'opinion publique et la délibération. Dans la conception de Habermas, l'espace public est « la sphère où s'effectue la délibération et où s'élabore la définition du bien commun[80] ». Ainsi, le moment décisif n'est plus l'élection, contrairement au modèle élitiste et républicain, mais la formation de l'opinion publique qui doit s'institutionnaliser dans les procédures juridiques. Selon Sintomer, la délibération sert de « contrepoids aux mécanismes

---

75. LE POURHIET, « Définir la démocratie », p. 456.
76. MONIERE, « La démocratie en questionnement », p. 29.
77. E. J. SIEYES cité dans SINTOMER, « La démocratie impossible ? », p. 8 ; cf. SINTOMER, *La démocratie impossible ?*, p. 1307.
78. Art. 3 de la Constitution française cité dans LE POURHIET, « Définir la démocratie », p. 456.
79. SINTOMER, *La démocratie impossible ?*, p. 1307.
80. MONIERE, « La démocratie en questionnement », p. 30.

extrêmement puissants du marché et de l'État bureaucratique[81] ». De plus, « le peuple ne peut être peuple et exercer son pouvoir qu'à travers la médiation du discours public et des procédures institutionnelles démocratiques – faute de quoi la volonté "populaire" ne serait que le produit de manipulations paternalistes effectuées au nom du peuple ou la simple cristallisation des humeurs changeantes de la foule[82] ». L'une des critiques à l'endroit de ce modèle délibératif est qu'il se limite à la formation de l'opinion politique, car la décision politique revient exclusivement aux élus ou à leur monopole. De plus, « le modèle délibératif […] s'est vu reprocher de négliger le poids des inégalités de pouvoir et des inégalités sociales dans la délibération[83] ».

4.6. La démocratie participative

La démocratie participative s'attèle à réduire « la distance entre gouvernants et gouvernés[84] ». Selon Sintomer :

> Il s'agit de diminuer les différentiels de pouvoir et de richesse qui sont cause de l'inégale participation des citoyens à la vie publique, de minimiser ou d'éradiquer les pouvoirs bureaucratiques incontrôlés qui pèsent sur la vie publique et privée et de développer la transparence des informations afin de permettre des décisions informées[85].

Sur le plan pratique, on reproche à la démocratie participative les choses suivantes :

- Une imagination institutionnelle limitée qui se bornait à ajouter des espèces de conseils (locaux, d'entreprise) à la démocratie représentative classique.
- Une conception peu élaborée et spontanéiste de la participation et le fait de ne pas avoir véritablement thématisé le lien potentiel entre la délibération, l'espace public et la participation[86].

Ainsi, pour améliorer la pratique de la démocratie participative, Blondiaux avance quelques pistes, par exemple institutionnaliser la participation et repenser

---

81. SINTOMER, « La démocratie impossible ? », p. 9.
82. *Ibid.*
83. *Ibid.*, p. 13.
84. *Ibid.*, p. 14.
85. *Ibid.*, p. 11.
86. *Ibid.*, p. 13.

la relation à la décision, car il pense que la participation pour la participation n'a pas de sens, en sorte que sa relation « à la décision finale doit être précisée[87] ».

La présentation succincte des quelques modèles de démocratie permet de comprendre leurs points forts et leurs faiblesses. Le propos de Sintomer est concluant quand il dit que les modèles délibératif et participatif sont insatisfaisants pris isolément ; que le débat public est important dans la légitimité, de même que la participation directe des citoyens « permettrait de réduire la distance entre gouvernants et gouvernés » et que « le couplage des modèles participatif et délibératif est en tout état de cause incontournable[88] ».

5. Des pierres pour l'édifice démocratique

Sans être exhaustifs, quelques aspects et éléments importants de la démocratie méritent des réflexions pour construire, consolider et orienter.

5.1. Démocratie en tant que garante des droits fondamentaux

La démocratie offre un cadre pour l'exercice des droits fondamentaux, mais sa nécessité ne se réduit pas simplement au moyen d'éviter la résolution de conflits par la force, pour reprendre les termes de Niebuhr : « La capacité de l'homme pour la justice rend la démocratie possible, mais l'inclination de l'homme à l'injustice rend la démocratie nécessaire[89]. » La démocratie est nécessaire, car elle offre un cadre pour rendre possible le respect des droits de l'homme. Si la démocratie ne s'oriente pas vers les droits de l'homme et tous les autres droits fondamentaux, si elle n'essaie pas de les mettre en pratique, elle dégénère en un mécanisme externe, en une idéologie qui donne un sens erroné de légitimité[90]. Hazoumê pose la question et plaide pour une approche holistique de la démocratie, en tenant compte de tous les aspects de la société pour son mieux-être. Il écrit :

> En d'autres termes, la question est de savoir comment, par exemple, la participation au développement, le droit d'association, le droit à l'éducation, la reconnaissance de toutes les cultures, le

---

87. Loïc BLONDIAUX, *Le nouvel esprit de la démocratie. Actualité de la démocratie participative*, coll. La République des idées, Paris, Éditions du Seuil, 2008, p. 109.

88. SINTOMER, « La démocratie impossible ? », p. 14.

89. Niebuhr REINHOLD, « The Children of Light and the Children of Darkness », dans I. MERRIAM-WEBSTER, *The Merriam-Webster dictionary of quotations*, Springfield, MA, Merriam-Webster, 1992, p. 97.

90. NARR et STROHM, « Democracy », p. 791.

droit à un environnement sain, le droit à la protection sanitaire, etc. relèvent effectivement de la démocratie et ne sauraient être promus sans elle. On le sait bien, tout système démocratique repose fondamentalement sur le dialogue et le consensus[91].

Habermas raisonne dans ce sens, avec un accent particulier sur les droits de l'homme. Pour lui, « les droits de l'homme et droits démocratiques sont co-originaires et s'impliquent mutuellement[92] ». Si Habermas distingue trois types de droits fondamentaux[93], Le Pourhiet apporte un appui en affirmant que la démocratie est une garantie des droits et des libertés d'opinion, d'expression et de médias, dont le noyau dur est le droit de vote et la liberté de constituer des partis politiques[94].

5.2. L'espace public

Le concept de l'espace ou des espaces publics est une notion clé de la démocratie et Sintomer en a dit long dans la deuxième partie de son livre consacré à Habermas[95]. À l'image de l'agora grecque ou du mbongui dans le royaume Kongo ou encore, dans une certaine mesure, du conseil des anciens dans les sociétés du Proche-Orient ancien, l'espace public est le lieu à dimension plurielle où chaque citoyen a droit à la parole car il désigne « ce lieu abstrait de formation des opinions et des volontés politiques, ce lieu de débat, garant de la légitimité du pouvoir[96] ». Pour Habermas, la délibération fait partie du processus de légitimation quand il écrit que :

Quoi qu'il en soit, la notion de délibération va frayer la voie d'une conception de la légitimation en termes de processus. La légitimation dépend d'une institutionnalisation juridique appropriée de ces

---

91. Marc-Laurent Hazoumê, « L'Afrique et le défi démocratique. Essai sur l'éducation des adultes pour la démocratie et la culture de la paix », Institut de L'UNESCO pour l'Education (IUE), Hambourg, 1999, p. 53, disponible en ligne : https://unesdoc.unesco.org/ark:/48223/pf0000217910 (consulté le 8 juin 2020).

92. Sintomer, La démocratie impossible ?, p. 1326-1329.

93. Ibid.

94. Le Pourhiet, « Définir la démocratie », p. 464.

95. Sintomer, La démocratie impossible ?, p. 1326-1329.

96. Philippe Chanial, « Espaces publics, sciences sociales et démocratie », Les espaces publics, Quaderni, n°18, Automne 1992, p. 66, http://www.persee.fr/doc/quad_0987-1381_1992_num_18_1_971/

formes de discussion et de négociation équitable qui fonde le présupposé de l'acceptabilité rationnelle des résultats[97].

Disons que le public fait appel à ce qui est visible, également associé au commun ; rendre public signifie une mise en commun[98]. Ainsi, par le processus dialogique, la distance entre privé et public se réduit, la dichotomie privé/public est dépassée. Pour Sintomer, la formation et l'expression de l'identité des individus et des groupes ne sont pas renvoyées purement et simplement au privé :

> [...] elles constituent aussi des questions publiques, de type éthique. L'expression publique des identités culturelles est reconnue légitime dès lors qu'elle ne contredit pas les règles du droit et les institutions démocratiques. L'identité religieuse est l'une des dimensions possibles de l'identité culturelle[99].

Chanial explique :

> L'*homme public* n'est plus seulement celui qui mène une *vie publique*, fréquente ces *lieux publics*. Il participe avant tout de ce public des hommes faisant usage de leur raison. L'émergence du public comme instance supérieure du jugement, autant esthétique que politique, se manifeste par l'apparition de la notion d'*opinion publique*, cette « opinion vraie, régénérée par la discussion critique dans la sphère publique »[100].

Pourtant, on constate que c'est l'espace public qui est souvent réduit et menacé par les forces contraires à la démocratie, alors que c'est un concept lié aux valeurs démocratiques que sont la liberté et l'égalité, même si on doit être conscient du fait que « le thème de la liberté et celui de l'égalité constituent une aporie, une coexistence excluante [sic] et théoriquement insoluble[101] ».

Le principe « Habermassien » de la discussion publique suppose que là où il y a discussion ou débat sur les choses publiques, il y a démocratie, ou une forme « continue » de la démocratie, par la présence des groupes d'intérêts et associations de toutes sortes dans l'espace public, selon les

---

97. Jürgen HABERMAS, « Sur le droit et la démocratie » Note pour un débat, *Le Débat*, 1997/5, n° 97, p. 46. DOI : 10.3917/débat.097.0042, http://palimpsestes.fr/quinquennat/notions_etudes/comm_politique/habermas/droit_democratie.pdf.

98. CHANIAL, « Espaces publics », p. 66.

99. SINTOMER, *La démocratie impossible ?*, p. 1501-1502.

100. CHANIAL, « Espaces publics », p. 65, italiques dans l'original.

101. KHOURI, « Libéralisme et démocratie », p. 80.

termes de Le Pourhiet[102]. Le débat public dans l'espace public a une dimension communicationnelle et d'élaboration des projets. George, s'appuyant sur Keane, note avec raison que la société civile a « deux rôles principaux qui lui permettent d'avoir du pouvoir dans un système politique démocratique : premièrement, participer directement à la communication publique au sein de l'espace public et deuxièmement, contribuer implicitement, mais indirectement au débat public en élaborant des projets alternatifs (1988)[103] ». Les discussions publiques sont certes importantes, mais pour qu'elles soient inclusives et dans une démocratie participative, il faut « réaliser sans cesse l'idéal d'inclusion », veiller au « respect scrupuleux de toutes les formes d'opinion et de prise de parole, si maladroites soient-elles »[104]. Dans la problématique dialogique, il faut éviter l'exclusion ou la marginalisation de fait des citoyens issus des groupes dominés[105].

Pour le chrétien, l'espace public n'est pas neutre, on ne doit pas le laisser nu, la religion y a sa place, et selon Carroll, dans son analyse des contextes du livre d'Amos, qui se réfère à Neuhaus :

> Ce n'est ni le lieu d'identifier ni d'évaluer la vision ou le programme religieux particulier qu'il défend. Le point clé est plutôt de souligner que, selon lui, la place publique ne peut être laissée nue – c'est-à-dire sans valeurs transcendantes : la religion, même si périphérique au monde social dominant, a une responsabilité morale envers son contexte[106].

Cependant, loin de négliger le rôle des débats publics dans la démocratie, c'est à l'autorité publique, instituée par la loi sur le fondement de la Constitution que revient le pouvoir de décision finale, comme Le Pourhiet a su le signaler[107].

5.3. Élargissement de la sphère de la démocratie

Il est clair que dans la pratique, la démocratie doit élargir sa sphère d'influence, pour son efficacité et sa pérennité, car même au sein d'une démocratie, beaucoup

102.   LE POURHIET, « Définir la démocratie », p. 459.
103.   GEORGE, « Des relations entre démocratie et TIC », p. 44 ; cf. Keane, John, *Civil Society and the State : New European Perspectives,* Londres, Verso, 1988.
104.   BLONDIAUX, *Le nouvel esprit de la démocratie*, p. 5.
105.   SINTOMER, *La démocratie impossible ?*, p. 1174.
106.   M. D. CARROLL R., *Contexts for Amos: Prophetic Poetics in Latin-American Perspectives,* Sheffield, Sheffield Academic Press, 1992, p. 68 [traduction libre] ; voir aussi R. J., NEUHAUS, *The Naked Public Square: Religion and Democracy in America,* Grand Rapids, Eerdmans, 1984.
107.   LE POURHIET, « Définir la démocratie », p. 459.

de structures, comme le système économique, fonctionnent encore avec des principes non démocratiques. Et l'on se demande comment « la démocratie peut-elle naître ou persister si la société dans son ensemble n'est pas organisée selon des principes démocratiques[108] ? » Khouri parle d'élargissement de l'acceptation des droits fondamentaux[109]. Les théories de la démocratie délibérative et participative orientent leurs réflexions dans ce sens. Assogba plaide pour l'élargissement de la démocratie par la prise en compte du mouvement associatif et le développement[110] ; une approche holistique de la démocratie que Hazoumê qualifie d'« un tout-multiple », car elle englobe des domaines du politique, de l'économique, du social et du culturel[111]. D'où l'importance de l'éducation en démocratie.

5.4. Protection des minorités

En démocratie, lorsque les décisions communes sont inévitables, il faut ajouter une protection des minorités contre la tyrannie de la majorité ; le processus de décision par majorité doit être complété par d'autres formes d'expression de la volonté démocratique, ce qui aidera l'orientation de la société vers ses racines[112]. Car le peuple peut se tromper et, sans garde-fou, il peut également prendre des décisions qui négligent le droit des minorités. Le monde n'aimerait pas revoir sous quelque forme que ce soit l'abus de la démocratie par le régime nazi. L'Allemagne voulait rétablir son ancienne gloire, mais le seul moyen disponible était le langage dégradé de la démocratie. Ainsi, le 30 janvier 1933, les gens ont élu démocratiquement l'homme qui avait juré de détruire le gouvernement démocratique qu'ils détestaient. L'élection d'Hitler à une fonction dans le fonctionnement démocratique a détruit la fonction[113]. Sur ce point, l'analyse de Sintomer est pertinente : « un pluralisme des opinions et des intérêts est [...] préférable aux déviations autoritaires, voire totalitaires, inhérentes à la vision rationaliste et idéaliste du peuple comme sujet souverain. La Cour suprême en tant que gardienne de la constitution veille contre les

---

108.   Narr et Strohm, « Democracy », p. 790.

109.   Khouri, « Libéralisme et démocratie », p. 80.

110.   Assogba Yao, « Afrique noire: démocratie, développement et mouvement associatif ». UQO : Cahier de la Chaire de recherche en développement communautaire, 1998, p. 24, Série Recherche, n° 13. http://www.uqac.ca/jmt-sociologue/ (consulté le 29 avril 2017)

111.   Hazoumê, « L'Afrique et le défi démocratique », p. 33.

112.   Narr et Strohm, « Democracy », p. 791.

113.   E. Metaxas, *Bonhoeffer : Pastor, Martyr, Prophet, Spy*, Nashville, Thomas Nelson, 2011.

débordements du peuple[114]. » D'où l'importance du principe démocratique sur le respect des droits des minorités.

5.5. Démocratie en tant que processus

L'égalité seule, sans la prise en compte des autres valeurs et des droits fondamentaux de la démocratie est contre-productive. Nous disons que la démocratie prend du temps pour s'enraciner, et l'exemple historique de l'évolution de la société en Occident l'a montré. En ce sens, on peut comprendre la démocratie comme un processus de démocratisation, ainsi que Moltmann l'a écrit : « La démocratie n'est pas un idéal et ni un état de choses, c'est le processus continu, ouvert et incomplet de la démocratisation des objectifs politiques[115]. »

Conclusion

Aujourd'hui, la définition de la démocratie demeure fidèle à son sens étymologique : le gouvernement de tous. Les valeurs telles la liberté, l'égalité ainsi que les droits, tel le droit de vote, restent les noyaux durs et le fondement des sociétés dans la pratique démocratique. Cependant, il faudrait se rappeler qu'en Occident, la démocratie dans son évolution historique « est le produit de la fusion de l'héritage grec et chrétien et ne peut donc survivre que dans cette connexion fondamentale[116] », une affirmation pertinente dans le contexte africain où la présence des Églises dans la sphère démocratique n'est pas négligeable, même si la démocratie y prend également des expressions culturelles.

La création fournit une base pour une réflexion chrétienne sur la démocratie, étant donné que l'homme a été créé à l'image de Dieu (Gn 1.26-28), et en tant que tel, il est investi de la responsabilité de gérer son environnement (Gn 2.15). Ce qui implique que toutes les personnes humaines sont fondamentalement égales et qu'elles disposent de l'autorité pour gouverner le monde, cette autorité venant de Dieu. Il semble donc approprié pour tous les citoyens d'avoir leur mot à dire

---

114.   SINTOMER, *La démocratie impossible ?*, p. 1309-1321.

115.   J. MOLTMANN, *The Church in the Power of the Spirit: A Contribution to Messianic Ecclesiology,* Minneapolis-MN, Fortress Press, 1993, p. 177 ; voir la note 71 (On the concept of democracy as the process of democratization cf. W.-D. Marsch, *Christlicher Glaube und demokratisches Ethos*, Hambourg, 1958.

116.   J. RATZINGER, *Church, Ecumenism and Politics : New Endeavors in Ecclesiology*, San Francisco, Ignatius Press, 2008, p. 203.

dans le processus politique[117]. Les chrétiens peuvent aussi se réjouir des acquis de la démocratie parce que celle-ci leur donne une voix par le droit de vote. Dans une démocratie, les chrétiens en tant que citoyens doivent participer activement avec les autres à la vie de la cité, à façonner la culture et la gouvernance de leurs nations. Avec les valeurs et les droits garantis par la Constitution, la démocratie offre aux chrétiens un espace nécessaire permettant tant soit peu de vivre leur foi en privé comme en public.

Pour les chrétiens qui vivent dans une démocratie, Eckman souligne les devoirs civiques suivants : voter, c'est un droit, tout comme s'informer sur des questions politiques, sociales et économiques, tout comme exercer un esprit critique sur la société, à la lumière de la Parole de Dieu et travailler pour des lois justes et droites, des décisions qui sont justes[118]. La démocratie, c'est aussi agir pour la rendre réelle.

---

117.   M. L. Jr., WARD, *Biblical Worldview : Creation, Fall, Redemption*, Greenville-SC, BJU Press, 2016, p. 258.

118.   J. P. ECKMAN, *Biblical Ethics : Choosing Right in a World Gone Wrong*, Wheaton-IL, Crossway Books, 2004, p. 56.

2

La théologie et la politique

Énoch TOMPTÉ-TOM

Pourquoi parler de la théologie et de la politique ? Il semble que de nos jours, ces deux domaines sont étroitement liés. La question peut se poser dans le cadre de leur émergence. Quelle matière a émergé avant l'autre ? Et quelle matière est sujette à l'autre ? Voilà des questions d'ordre épistémologique qu'on peut déjà se poser en vue de l'orientation que l'on souhaite donner à ce grand répertoire d'actions.

Pour ce faire, mentionnons que la théologie et la politique forment un monde passionnant. Un monde vaste susceptible de subjuguer toute une vie, qu'elle soit chrétienne, païenne, musulmane ou autre. Le rôle qui nous incombe par rapport à ce travail est de type académique et réflexif. Parlant de la question épistémologique, ces deux points répondent aux questions que Kant a traitées dans son examen de la religion dans les limites de la simple raison[1], et qui interpellent la majorité des théologiens du monde contemporain. Ces questions sont les suivantes :

- D'où venons-nous ?
- Où en sommes-nous ?
- Où allons-nous ?

Et nous en ajoutons une autre qui détermine la finalité de notre existence :

- En qui croyons-nous ?

Pour répondre à ces différents questionnements, il est judicieux et nécessaire de placer le cadre de notre intervention dans une perspective définitionnelle,

---

1. E. KANT, *La religion dans les limites de la simple raison*, Paris, Vrin, 1979.

contextuelle de la théologie et de la politique avant d'envisager leur caractère centrifuge et centripète.

1. Essai de définition

1.1. Théologie

Notre souci ici, ne se limite pas seulement aux différentes définitions qu'on peut trouver dans la littérature. Il est plutôt question de parler de l'émergence de la théologie, de son statut et de son domaine d'application par rapport à ses présupposés. Définir la théologie n'est pas toujours facile. C'est ainsi que plusieurs définitions sont données et nous en présentons ici quelques-unes :

- « Théologie vient du grec *theos* qui veut dire Dieu et de *logos*, science. La théologie est alors la science de la religion, des choses divines[2]. »
- Théologie : « Étude des questions religieuses fondée principalement sur les textes sacrés, les dogmes et les traditions[3]. »
- « Rendre raison de la foi chrétienne, parler en toute cohérence du Dieu auquel les Écritures rendent témoignage, ou parler de toutes choses en les référant à Dieu[4]. »
- « La théologie est une science positive dont les parties sont réunies en un tout par leur relation commune avec une foi religieuse déterminée...[5] »
- « [...] La théologie comme discours (*logos*) sur Dieu (*Theos*). Dans son sens le plus large, la théologie apparait comme une réflexion ou un discours sur Dieu. Ainsi, nous pouvons parler de théologie musulmane, juive ou chrétienne, mais aussi de théologie populaire (ce qu'un peuple pense de Dieu) et de théologie africaine[6]. »

La plus simple définition qu'on peut donner de la théologie est celle de la science qui étudie Dieu. Dans la plupart des cas, on parlera de discours ayant trait à la connaissance de Dieu, à la révélation et à la vérité. Il s'agit du discours sur Dieu. À ce stade, un problème se pose. Qui fait le discours ? Est-ce l'homme qui parle de Dieu ou est-ce Dieu lui-même qui parle de soi à travers l'homme ?

---

2. *Grand Larousse Encyclopédique*, Paris, Librairie Larousse, 1964, sp.
3. *Petit Robert*, Paris, Le Robert, 1992.
4. Jean-Yves LACOSTE, *Dictionnaire critique de théologie*, Paris, Puf, 1998, p.1140-1146.
5. SCHLEIERMACHER cité par Louis EMERY, *Introduction à l'étude de la théologie protestante*, Paris, G. Fiscbacher, 1904, p. 53.
6. Solomon ANDRIA, *La théologie : une introduction*, Abidjan, PBA, 2004, p. 12.

Autant de questions auxquelles on peut tenter de répondre et qui fondent déjà le travail du théologien[7].

C'est ce que Waldenfels qualifie de prétention du christianisme du fait que Dieu devient objet du discours selon l'idée de Dietrich Ritsch[8]. Le mot de théologie a vu le jour depuis l'antiquité et a depuis évolué. Dans l'histoire de la philosophie, Platon a été le premier à l'employer au IIIe siècle dans son livre *La République*[9]. Le monde grec a utilisé effectivement ce substantif pour désigner de grands poètes tels qu'Homère, Sophocle et beaucoup d'autres[10]. Dans son ouvrage de *Métaphysique VI, tome 1*[11], Aristote fait ressortir que dans l'acception globale de la philosophie, on distingue trois parties : la mathématique, la physique et la théologie. Cette dernière est par la suite considérée comme une philosophie première parce qu'elle s'occupe des choses métaphysiques[12], de l'émergence du logos en premier lieu ; ce qui lui a valu d'être considérée comme une science positive au même titre que la philosophie. Par la suite, le terme a pris une connotation chrétienne à travers les pères de l'Église pour l'explication des choses que Dieu a créées. La théologie est devenue la science de l'Église, celle qui nous permet de parler de Dieu.

Pour Schleiermacher, parmi les différentes matières qualifiées comme sciences, la théologie est une science positive. En tant que telle, et contrairement à la philosophie ou à d'autres sciences spéculatives, elle a son objet dans l'histoire objective du monde[13]. Selon Mehl, cité par Schleiermacher,

> La théologie n'échappe pas à un certain positivisme, en ce sens qu'elle est contrainte de se référer à un fait : l'existence de la foi et l'existence de la communauté ecclésiale. Mais elle rattache l'existence de ce fait à la libre et souveraine décision de Dieu : il a plu à Dieu de se constituer un peuple témoin, un peuple qui reçoit sa parole et qui vit dans l'obéissance à cette parole[14].

De ce point de vue, au fil des temps, quand bien même la méthodologie est restée invariable, les contextes ont évolué. Il n'est plus question de la recherche

---

7. Pour les différentes définitions de la théologie, cf. l'article de Dietrich Ritschl, « Théologie », dans *Encyclopédie du Protestantisme*, Paris, Cerf, 1995, p. 1530-62.

8. *Ibid.*

9. Platon, *La République*, Livre IV, Paris, Pléiade, 1950.

10. « Théologie », dans *Dictionnaire de la Spiritualité* n°15, Paris, Cerf, 1997, p. 15-23.

11. Aristote, *La métaphysique*, t. 1, Paris, Vrin, 1981.

12. « Théologie », dans *Dictionnaire de la Théologie Catholique*, Paris, Beauchesne, 1990, 1991.

13. F. D. E. Schleiermacher, *Le statut de la théologie*, Paris, Cerf, 1994, p. 22.

14. Roger Mehl, *La théologie protestante*, coll. Que sais-je ? Paris, Cerf, 1966, p. 24.

ou de l'explication des relations qui existent entre Dieu et la création, mais plutôt de la réponse que Dieu donne à son monde, à l'humanité dans le contexte de l'existence. La question de la foi est devenue un leitmotiv pour l'Église de Jésus-Christ dans le monde. Quelle réponse Dieu accorde-t-il à son peuple là où il se trouve ? Depuis l'époque de l'Antiquité jusqu'à l'époque contemporaine, en passant par le Moyen Âge et la Réforme, bien des méthodes ont été suivies pour la compréhension de la révélation de Dieu.

1.2. Politique

La politique, au vu de certaines définitions, est l'art ou la science de gérer les choses de l'État. La politique prise dans son sens large est une idéologie propre à un État. Elle est pratiquée par l'organe exécutif pour le développement de la nation tout entière. Elle est considérée comme une science spécialisée avec sa structuration et son mode de fonctionnement. Si la politique est une science qui peut permettre à un groupe d'individus de s'émanciper, elle est aussi l'art de s'emparer d'un pouvoir. Quel est alors le but de la politique pour l'homme ?

Selon J. Freund, le but de la politique n'est pas de rendre l'homme meilleur, quand bien même elle peut exercer une action pédagogique. Par sa nature, le politique a pour objet direct de veiller au bien commun de l'unité politique. Il n'a donc pas à imposer aux particuliers les options concernant leur orientation personnelle[15].

Aristote considère l'homme par nature comme un animal politique, mais cela n'empêche pas l'utilité commune de réunir les hommes en société, car les hommes ont en réalité besoin les uns des autres. La finalité de la société, c'est la vie, mais aussi le bonheur[16]. La fonction de la politique a trait à la vie collective d'un groupe d'hommes organisés. Cependant, il est intéressant de faire la distinction entre la politique et le politique :

> Le politique au substantif masculin désigne un homme d'État ou un homme habile à organiser et à diriger sa conduite dans ses rapports avec les autres. La politique au substantif féminin désigne une action politique, une étude de connaissance des faits politiques[17].

---

15. J. FREUND, *Qu'est-ce que la politique ?* Paris, Seuil-Sirey, 1967, 1984, p. 182.

16. ARISTOTE, *Politique,* livre III, Paris, Vrin, 1962, p. 205.

17. André LALANDE, « Politique », dans *Vocabulaire Technique et Critique de la Philosophie,* Paris, Cerf-Puf, 1996, p.785-786.

Dans son approche philosophique, Aristote base son approche politique sur l'observation empirique des faits sociaux. La politique s'est institutionnalisée avec des règles bien précises au XVᵉ siècle grâce à Machiavel (1469-1527). Celui-ci, après plusieurs analyses sur la conquête du pouvoir et sa confiscation, détermine une loi fondamentale qui peut permettre aux gens d'expliquer et de régir les faits sociaux. Il est question de la loi sociologique. Montesquieu, dans son livre *De l'esprit des lois*, écrit en 1748, voit dans l'État une structure dite de totalité. Il fait intervenir des notions de systèmes sociaux qui vont renforcer la naissance du pouvoir d'État institutionnalisé. La politique prend une dimension sociologique et devient une science positive. L'étude de la politique est plus scientifique et requiert l'utilisation de techniques rigoureuses.

2. Méthode d'approche en théologie

En tant que science positive, la théologie doit se doter d'une méthode appropriée pour son approche en vue de son fonctionnement. J.-P. Gabus analyse les trois points qui doivent intervenir dans le cadre de l'organisation générale de la théologie et de sa structure interne. Il s'agit de ce qu'il appelle, l'*explicatio*, la *mediatio* et l'*applicatio*[18].

- L'*explicatio* : il est question des recherches documentaires pour situer les faits historiques de la foi. Ce travail peut être considéré comme l'exégèse que nous pouvons produire pour l'Ancien Testament et le Nouveau Testament.
- La *mediatio* : c'est le fait de mettre en évidence la vérité en enlevant les ajouts. Il s'agit de ne pas dénaturer le sens de ces documents de la foi. La recherche doit se concentrer sur le contenu du document pour déterminer les structures qui peuvent aider à sa compréhension.
- L'*applicatio* : cette phase est la dernière et elle consiste à appliquer en contexte les résultats des recherches et des analyses entreprises. Le discours de la foi doit être manifeste pour l'homme.

Par cette méthode, nous comprenons que le domaine de la théologie n'est pas limité. Le Dieu de l'Histoire doit parler à tout le monde par des voies particulières. Cette perspective nous révèle pourquoi il y a plusieurs formes de théologie dans le monde, du fait que celui-ci est le lieu par excellence de l'articulation de la

---

18. J.-P. GABUS, *Critique du discours théologique,* Neuchâtel, Delachaux et Niestlé, 1977, p. 106-132.

théologie. Point n'est besoin d'en dresser une liste, il suffit simplement de passer en revue les théologies qui naissent aujourd'hui[19].

2.1 Repères : Le phénomène politique dans les matériaux bibliques

Dans l'Ancien Testament

Dans la Bible, plusieurs épisodes nous permettent de comprendre dans quelle mesure les hommes utilisés par Dieu ont été impliqués dans la politique, qu'il s'agisse des rois qui eux, sont des hommes politiques, ou des sacrificateurs ou encore des prophètes, ou du Fils de Dieu lui-même. Quelques exemples de prophètes peuvent en témoigner. Nous reconnaissons que le prophète est le médiateur et l'intermédiaire entre Dieu et les hommes. Selon Monloubou, le prophète exerce également la fonction de veiller à la pérennisation de la tradition mosaïque[20]. Dans l'Ancien Testament le prophète joue le rôle de médiateur, de porte-parole, d'interprète, de sentinelle et de berger. Bien des prophètes se sont impliqués dans la politique quand il s'agissait de dénoncer les injustices sociales.

Le rôle prophétique prend ainsi une connotation socioreligieuse. Amos, Osée et Ésaïe en sont des exemples patents. En effet, Amos vivait quand Israël, royaume du Nord, se sépara de Juda, royaume du Sud. À partir de Juda, il prophétisa en Israël, tout en dénonçant la vie religieuse et économique de son peuple (Am 7.10). Osée opérait en Israël au même moment qu'Amos. Il mit l'accent sur la dépravation des mœurs de la nation, notamment sur le fait qu'elle se soit détournée de Dieu (Os 6.7–7.6). Marié à une femme infidèle, il expérimenta de l'intérieur ce que Dieu endurait de « l'adultère » d'Israël. Osée représentait l'amour et la vision profonde de Dieu pour l'humanité. Il prophétisa avec beaucoup de force le châtiment qui suivrait le rejet de Dieu par son peuple.

Ésaïe vivait à Jérusalem, capitale du royaume du Sud. À cette époque, la menace de l'Assyrie contre le royaume du Nord était aussi un danger pour Juda. Ésaïe dénonçait les mêmes péchés qu'Amos condamnait déjà en Israël. En effet, l'injustice et l'inhumanité étaient le contraire d'une bonne relation avec le Dieu Saint. Il avertit le roi que ses essais désespérés de s'allier à une nation étrangère retomberaient sur sa tête (Es 13-23). Son message peut se résumer ainsi : « Fais confiance à Dieu, même si les temps sont noirs (cf. Es 55). Tu es plus en sécurité avec lui qu'avec n'importe quelle quantité d'alliances politiques. » Ésaïe trouva en Ézéchias, le fils d'Achaz, un roi plus compréhensif.

---

19. Rosino GIBELLINI, *Panorama de la théologie au XXème siècle*, Paris, Cerf, 1994, p. 11-61.
20. Louis MONLOUBOU, « Prophète », dans *Dictionnaire Encyclopédique de la Bible*, Pierre Maurice BOGAERT *et al.,* sous-dir., Maredsous, Brépols, 1987, p. 1053.

Nous pouvons aussi citer le prophète Nathan qui intervenait aux côtés du roi David. Il avait deux messages importants pour le roi : d'abord, le message relatif à la promesse du règne éternel faite à la maison de David (2 S 7), puis celui de la condamnation de la liaison de David avec Bath-Shéba (2 S 12). Nathan transmet à David le message qu'il a reçu de Dieu, selon lequel son trône sera affermi pour toujours (2 S 7). Par cette déclaration, Dieu installe la famille de David comme dépositaire irréfutable de la royauté messianique. Puis, au verset 3, et dans un autre contexte où David envisage de bâtir un temple pour l'Éternel, Nathan lui accorde d'abord l'autorisation avant de se raviser à la suite de la parole que l'Éternel lui a adressée. Comme le souligne Frédéric Godet, « la décision prophétique est si peu l'expression du sentiment personnel de celui qui l'énonce, qu'elle peut même y être directement opposée...[21] »

Dans le Nouveau Testament

Nous ne prendrons que deux exemples. Celui de l'apôtre Paul et de Jésus.

Les relations de Paul avec les autorités politiques ont été tumultueuses. Il lui arrive de revendiquer ses droits auprès des autorités et, en même temps, de demander la soumission à ces autorités. Le premier cas touche à la délivrance d'une jeune fille. En effet, Paul venait de délivrer une jeune servante de l'esprit de divination dont elle était possédée. Cet exorcisme fut accompli alors que Paul se rendait à la prière (Ac 16.16). Il rencontra la jeune servante dont il est écrit qu'elle « avait un esprit de Python » (LSG). Cette fille était la source des revenus de ses maîtres. Ainsi, dépossédés de leur source génératrice de revenus, ces derniers portèrent plainte contre Paul et son compagnon Silas devant les magistrats qui, en conséquence, « ordonnèrent qu'on les battît de verges » puis ils furent emprisonnés, pour trouble à l'ordre public (Ac 16.19-24). À la lumière des versets 20 et 21, les accusations portèrent sur deux points. D'abord, il leur était reproché de troubler l'ordre public, ce qui méritait une sanction. Puis, ils furent accusés de prosélytisme juif. En effet, Paul et son compagnon étaient déclarés « des Juifs » qui annonçaient des coutumes inadaptées aux Romains. Le lendemain, les magistrats donnèrent l'ordre de relâcher les deux prisonniers, tout en leur demandant de quitter la ville. Justin Taylor nous fournit l'explication suivante : « On avait coutume d'appliquer de tels châtiments hâtifs lorsqu'il s'agissait d'infractions minimes à la paix. Et puisque les apôtres sont des étrangers, on leur commande de quitter Philippes[22]. » Seulement, l'apôtre Paul n'accepte pas que

---

21. Frédéric Godet, *La Bible annotée* A.T. 3, Saint-Légier, Emmaüs, 1986, notes chapitre 7, p. 295.
22. Justin Taylor, *Les Actes des deux apôtres*, Paris, Librairie Lecoffre, 1994, p. 253.

l'incident finisse de la sorte. En effet, Silas et lui-même ayant été publiquement battus sans un procès préalable et Paul, non content de refuser cette libération, exige aussi que les magistrats, auteurs de leur préjudice, viennent eux-mêmes les remettre en liberté, car Silas et lui sont des citoyens romains. Pris de peur à cause du traitement qu'ils avaient infligé à des citoyens romains, les magistrats demandèrent à Paul et à Silas de quitter la ville de Philippes (v. 35-40). En leur révélant qu'ils ont agi dans la précipitation en punissant des citoyens romains, Paul a fait comprendre aux magistrats de Philippes leur abus de pouvoir.

Dans Romains 13.1-7, Paul développe une thèse centrale concernant la soumission des chrétiens aux autorités. Ce passage a fait l'objet de nombreuses interprétations. Ainsi, d'après Samuel Bénétreau, il a fait l'objet d'une récupération négative de la part de certains régimes politique soucieux d'assoir leur légitimité :

> Ce passage a été utilisé pour réprimer toute velléité de contestation par des pouvoirs oppressifs, l'exemple récent le plus net étant fourni par le pouvoir blanc en Afrique du Sud, adepte de l'apartheid, cherchant à imposer à un pays largement christianisé une autorité absolue en se fondant, en particulier, sur Rm 13[23].

Pourquoi Dieu a-t-il établi les autorités politiques ? La réponse de Paul dans cette épître aux Romains est explicitement étrange. Elles n'ont pas été établies pour réfréner le mal et instaurer une vie sociale décente, mais elles ont plutôt une fonction « judiciaire » ayant pour finalité la punition du mal, afin d'inspirer la crainte, et de récompenser la pratique du bien. Ainsi, Bénétreau voit dans ce texte paulinien, « une certaine continuité entre l'exercice de la justice humaine et celui de la «colère» de Dieu...[24] ». Ces exhortations de Paul suggèrent du respect pour les autorités établies. Paul invite à l'obéissance aux lois, aux décrets et aux dispositions prévues par les gouvernants. Ce respect dû aux autorités n'est pas consécutif à leurs qualités, encore moins à la sympathie qu'on aurait à leur égard. Il exprime selon Bénétreau, la conviction qu'au-delà des chefs, il y a un Seigneur qui a prévu ces structures pour asseoir la justice et, par ricochet, le bien de l'homme[25].

Concernant Jésus, plusieurs écrits témoignent déjà de sa position par rapport à la politique et aux autorités politiques. Aussi, nous n'allons pas beaucoup nous y appesantir. Dans le Nouveau Testament, nous voyons Jésus accomplir son

---

23. Samuel BÉNÉTREAU, *L'épître de Paul aux Romains*, t. 2, Vaux-sur-Seine, Edifac, 1997, p. 166.
24. *Ibid.*, p. 178.
25. *Ibid.*

ministère sous l'angle des trois offices : roi, sacrificateur et prophète. Et selon Christopher Wright, Jésus remplit les critères qui correspondent à ces fonctions :

> Dans les Évangiles, nous voyons de multiples occasions où Jésus s'associe lui-même aux fonctions uniques du Dieu d'Israël, par ses paroles, par ses actes, et par des affirmations implicites […] Et pour chacune de ces dimensions […] Jésus répond à la même description […] Ce sont ces caractéristiques qui définissaient le sens de l'affirmation : l'Éternel est Dieu et il n'y en a pas d'autre[26].

Quelle est vraiment l'approche de Jésus face à la politique ? Jésus a vécu sous des autorités politiques qui brisaient la dignité humaine du peuple, tel le cas du roi Hérode Antipas qu'il traita de renard. La péricope de Luc 13.31-32 est assez révélatrice de l'attitude ou de l'opinion politique de Jésus au regard de la domination romaine. En effet, dans ce texte Jésus déclare : « Allez, et dites à ce renard : voici, je chasse les démons et je fais des guérisons aujourd'hui et demain, et le troisième jour j'aurai fini » (LSG). Quand il fut averti de l'intention d'Hérode de le tuer, il prononça ces paroles assez déconcertantes, et qui constituent, à la vérité, un affront public vis-à-vis d'Hérode. Pour Jésus, Hérode n'est qu'un renard qui n'a aucun pouvoir sur lui. Jésus démontrait par cet exemple qu'il s'investissait dans la situation sociopolitique de son temps et la religion était indissociable des réalités sociales, économiques et politiques.

2.2 Le phénomène politique dans l'histoire

Il s'agit ici de comprendre pourquoi et comment la théologie chrétienne peut faire valoir un point de vue spécifique sur la question du politique et sur les questions actuelles. Le champ politique n'est pas seulement un lieu pratique ou pragmatique. Il suppose toujours des idéologies, certaines compréhensions du monde, mais aussi certaines compréhensions de l'existence humaine.

Ancrage de la théologie politique

À ce stade, nous aimerions faire appel à l'important héritage de la patristique, la Réforme et l'époque moderne. Il y a une dualité fondamentale entre conviction de foi et engagement séculier. Est-ce alors une séparation ou bien au contraire une confusion ? Cette dualité ne doit pas devenir dualisme ou schisme. Car on en viendrait à un certain monisme (tentation permanente du protestantisme,

---

26. Christopher J. H. WRIGHT , *La mission de Dieu, Fil conducteur du récit biblique*, trad. Alexandre Sarran, Charols, Excelsis, 2012, p. 116-117.

dès le début et tout au long de son évolution). Ce monisme consiste à prétendre que l'on peut transcrire la foi chrétienne en un programme d'actions publiques. De même, la tentation dualiste développe une confusion des rôles où il devient difficile de séparer Dieu et le monde, l'Église et l'État. La tradition chrétienne ne souhaite ni séparer ni confondre la théologie et la politique. Elle insiste plutôt sur la manière de les articuler.

Mais comment la sécularisation du monde permet-elle à la foi chrétienne de s'y inscrire ? Et ceux qui sont dans le monde sont-ils différents de ceux qui sont du monde de nos traditions ? Pourquoi donc parler de la théologie politique ? Nous nous référerons ici aux propos de Marcel Xhaufflaire qui rendent de façon explicite le fond de la théologie politique. Pour lui,

> La théologie politique veut se comprendre comme l'herméneutique chrétienne spécifique d'une pratique (chrétienne), laquelle, selon les écrits bibliques, ne peut être qu'une pratique de la transformation libératrice. La théologie politique entend bannir tout totalitarisme théorique en prenant la praxis libératrice comme point de référence[27].

Selon Henri-Jérôme Gagey et Jean-Louis Souletie, « cette "théologie politique" entreprend donc résolument de s'interroger sur les interventions que l'Église doit effectuer de manière réfléchie [...] en vue d'ouvrir des *possibles* dans la société[28] ».

À l'ère de la patristique

Deux exemples choisis nous permettront de bien appréhender cette approche. Il s'agit de celui d'Eusèbe de Césarée et de Constantin le Grand.

D'abord, évoquons Eusèbe de Césarée, une figure importante de l'histoire des quatre premiers siècles du christianisme. En effet, Nicole le considère comme une source abondante d'informations sur le christianisme. Il écrit à ce propos :

> Il nous a laissé une histoire ecclésiastique des origines à 313, qui est notre principale source pour la connaissance de l'Église primitive. Il y a conservé beaucoup de documents précieux. Il donne des détails particulièrement abondants sur la persécution sous Dioclétien, à laquelle il a assisté, et dont il a souffert[29].

---

27. Marcel XHAUFFLAIRE, *La théologie politique : introduction à la théologie politique de Jean-Baptiste Metz*, Paris, Cerf, 1972, p. 110-111.

28. Henri-Jérôme Gagey et Jean-Louis Souletie, « Sur la théologie politique », *Raisons politiques*, vol. no 4, no. 4, 2001, pp. 168-187, https://www.cairn.info/revue-raisons-politiques-2001-4-page-168.htm.

29. J. M. NICOLE, *Précis d'histoire de l'Église*, Nogent-sur-Marne, Institut Biblique, 2005, p. 61.

Ordonné évêque de Césarée en 313, Eusèbe est ainsi connu sous le nom d'Eusèbe de Césarée. Disciple de l'école théologique fondée par Origène, il fut écrivain, historien, théologien et apologiste qui connut les années de persécution et la tolérance accordée par l'édit de Galère. D'après Eusèbe, l'unification de l'empire a favorisé l'unification religieuse. De ce point de vue, Eusèbe pense que la grandeur de l'empire et l'expansion du christianisme sont indissociables. En tant qu'unificateur de l'empire, l'empereur devient de facto, le serviteur de Dieu. D'ailleurs, Eusèbe soutient que le christianisme est l'aboutissement de la philosophie antique. En effet, Christ-Logos avait apporté la lumière à l'humanité et avait appris aux hommes à vivre selon les lois de la vraie philosophie. Parallèlement, l'empereur est le conducteur vers la foi, vers le salut[30].

Notre deuxième exemple est Constantin le Grand, de son vrai nom Caius Flavius Valerius Aurelius Constantinus, né à Naisus (actuellement Nis en Serbie) le 27 février 272 et mort le 22 mai 337. La veille de la bataille du Pont de Milvius contre Maxence en 312, Constantin aurait eu une vision dans laquelle il voyait du ciel une croix lumineuse portant les inscriptions suivantes : « Sois vainqueur par ce signe. » Il promulgua des lois d'inspiration chrétienne. Il bénéficiait du soutien des évêques, convoquait et présidait des conciles. Sa participation au concile de Nicée fut active et déterminante. Sous son règne, le christianisme connut un essor fulgurant. Nicole rapporte le témoignage que voici :

> Il rendit obligatoire le chômage du dimanche, donna le droit de propriété aux Églises, reconnut l'autorité des tribunaux ecclésiastiques et restreignit certains usages païens. Cependant il ne se fit baptiser que peu avant sa mort par Eusèbe de Nicomédie. Ses fils, qui avaient été élevés dans la foi chrétienne, interdirent de sacrifier aux idoles, puis ordonnèrent de fermer les temples païens[31].

Après 12 ans de travaux gigantesques, il inaugura la nouvelle capitale, Constantinople, en 330. Il introduisit la théorie du césaro-papisme. Il s'agit d'un système dans lequel le monarque détient aussi bien le pouvoir temporel que le pouvoir spirituel.

À la Réforme
Quelques exemples de l'engagement politique des théologiens peuvent nous aider à saisir cette situation. À l'époque de la Réforme, nous nous rendons compte

---

30. EUSEBE de Césarée, *La théologie politique de l'Empire chrétien*, Paris, Cerf, 2001, p. 49-50.
31. NICOLE, *Précis d'histoire de l'Église*, p. 44.

que des réformateurs comme Martin Luther et Jean Calvin ont eu à se positionner dans cette reprise théologique sur la politique.

Selon Martin Luther, la place de la politique doit s'inscrire dans la compréhension même de la foi de l'homme et de Dieu. Sa compréhension politique se construit sur la base d'un évènement simple, très singulier, qui est celui de la foi. Tout est question du *sola fide*. Luther ne part pas d'une question politique mais d'une question théologique. C'est une quête spirituelle qui produit des effets inattendus dans le champ du politique, car la découverte du *sola fide* vient bouleverser tout le rapport entre théologie et politique. Le pouvoir temporel doit laisser chacun libre de croire ou de ne pas croire. Cela impose des limites de pouvoir à l'État : il ne faut jamais convaincre par la force mais par la parole, parce que « la foi est une œuvre libre, on ne peut y forcer personne... La foi est une œuvre divine qui vient de l'Esprit et aucun pouvoir humain ne saurait l'imposer ou la créer[32] ».

Le point de vue central de Martin Luther concernant les relations Église-État est que Dieu exerce sa souveraineté sur tous les aspects de la vie humaine, y compris la politique. Afin de parvenir à cette fin, Dieu emploie aussi bien les chrétiens que les non-chrétiens. Ainsi, pour Luther, c'est par « deux royaumes » ou « deux régimes » que Dieu y parvient : le régime chrétien ou royaume de Dieu et le régime du monde ou royaume du monde. L'État et l'Église sont deux organisations qui ont été établies par Dieu, et par lesquelles il gouverne les deux royaumes. Ainsi, l'État se sert de la loi, de l'épée pour non seulement maintenir la paix et restreindre le péché, mais également, pour favoriser les droits civiques.

De son côté, l'Église compte sur les Écritures, sur l'amour et l'humilité. Son mandat consiste à convaincre les gens du péché, à proclamer l'Évangile de la justification par la foi et à aider les gens à hériter de la vie éternelle. Les deux royaumes sont des lieux d'expression de l'activité de Dieu. Bien que partageant une même source, Luther estime que les deux régimes se distinguent quant à leur fonction. Les deux régimes sont employés par Dieu, dans sa lutte contre le mal et le diable. Ainsi, les chrétiens sont appelés à servir les deux régimes, car tous deux promeuvent la volonté de Dieu[33].

Qu'en est-il de Jean Calvin ? Répondant à Saint Augustin et à Thomas d'Aquin, il affirmera que l'Église et l'État ont des pouvoirs égaux avec des attributions

---

32. M. LUTHER, « De l'autorité, 1523 », dans *Œuvres*, t. IV, Genève, Labor et Fides, 1958, p. 15-19, 31-37.

33. John H., REDEKOP, *Politique soumise à Dieu*, trad. Glen Miller, Kinshasa, Mukanda, 2012, p. 30-31.

différentes et qu'ils peuvent se juxtaposer pour les besoins de la cause[34]. Il n'est nullement question de sujétion. Il est question de séparation de l'Église et de l'État sur le point du droit de contrôle[35]. Il ne peut s'agir d'une séparation totale qu'il qualifie d'absolue. Néanmoins, Calvin reconnaît dans *Institution Chrétienne de la religion chrétienne* que la magistrature est un don de Dieu à travers sa providence générale. Et pour ce faire, le chrétien peut faire de la politique, contrairement à la position des anabaptistes.

La compréhension de Jean Calvin est parfois appelée « théocratie » en raison de son insistance sur les transformations de Dieu sur tous les aspects de sa création. Alors que Luther a souligné la séparation des deux régimes et a attribué au gouvernement une capacité, limitée il est vrai, pour la vraie justice, Calvin présente la société comme un ensemble plus unifié, un corps chrétien inclusif dans lequel Christ apparaît non seulement comme la tête de l'Église, mais également comme le Seigneur du monde[36]. Le rôle chrétien de l'État consiste à aider les chrétiens à mener une vie chrétienne. C'est pourquoi il note que l'État a pour but le salut christologique, en référence au catholicisme médiéval qui considérait que la vie et la société sont unifiées sous la croix du Christ.

Bien que Calvin ne pense pas que l'Église puisse gouverner l'État, c'est néanmoins l'Église qui décide des dimensions de la vie que celui-ci devrait suivre. Ainsi, pour contribuer au salut des citoyens, pour leur garantir une existence temporelle favorable, le gouvernement civil devrait chercher dans les Écritures les meilleurs éléments d'un ordre politique. L'Église et l'État sont deux autorités indépendantes soumises à Dieu. Ainsi, à Genève, un pécheur pouvait être soumis à des sanctions spirituelles, auxquelles étaient adjointes les sanctions temporelles des autorités politiques[37].

Les temps modernes
En Occident, citons les théologiens Carl Schmitt, Karl Barth, Dietrich Bonhoeffer, Paul Tillich, Jürgen Moltmann et Stanley Hauerwas.

Carl Schmitt, est né en 1888 de nationalité allemande. Juriste de formation, il s'est beaucoup investi dans la philosophie politique. Mais Schmitt ne s'est pas limité à ses connaissances juridiques. Il a beaucoup côtoyé la pensée des grands idéalistes allemands. Toutefois, c'est sur son savoir juridique qu'il s'est basé

34. E. KAYAYAN, *Le chrétien dans la cité*, coll. Messages, Lausanne, l'Age d'homme, 1995, p. 103-105.
35. *Ibid.*
36. *Ibid.,* p. 35.
37. *Ibid.*, p. 36-37.

pour explorer la philosophie politique. S'appuyant sur le *Léviathan* de Thomas Hobbes, Carl Schmitt publia *Théologie politique* (*Politische Theologie*) en deux versions : la première en 1922 et l'autre en 1969. Dans la première version, « il énonce sa théologie fondamentale de la souveraineté », dans la seconde, « il répond essentiellement aux critiques des théories de toute théologie politique inspirée du christianisme[38] ». Selon Mutombo-Mukendi, « la thèse de Schmitt est de démontrer que les concepts théologiques s'appliquent à la théorie de l'État, et que les théories politiques modernes ne sont que l'expression de leur sécularisation[39] ». Dans la version de 1969, Schmitt souligne « les effets politiques du christianisme d'une part, et récuse la théorie de la droite libérale d'un apolitisme ou d'une neutralité du christianisme face à la politique d'autre part. [...] Toutefois, à partir de 1936, il devint suspect aux yeux des tenants du régime hitlérien et se consacra essentiellement à son œuvre de grand juriste et de philosophe politique[40] ».

Karl Barth, lui, parle de la communauté chrétienne et de la communauté civile pour désigner l'Église et l'État. En effet, l'Église, tout comme l'État, existe, vit et agit dans un ordre tout en reconnaissant la nécessité de respecter la séparation des pouvoirs. La communauté chrétienne est œcuménique, elle s'oppose, en politique aussi, à tous les intérêts d'ordre purement local, régional ou national. Elle cherche toujours le bien de la cité. L'Église doit demeurer telle, même dans lors d'une situation politique embarrassante et Barth le confirme en disant que le grand danger encouru par l'Église n'est pas de sombrer dans la politique, mais d'avoir peur de tirer les conséquences nécessaires[41]. Les relations de l'Église et de l'État sont dominées par trois conceptions générales de l'Église, qui dans le temps, sont peut-être celles d'hier, d'aujourd'hui et de demain. Les trois formes que l'Église peut avoir en face de l'État ou que l'État, de son côté, peut donner à l'Église sont : l'Église nationale, l'Église libre et l'Église « confessante[42] ». Pour l'Église nationale, c'est la liberté d'exister qui lui a été donnée. Cette Église doit participer à la vie publique, elle doit répondre et souscrire aux besoins de l'État, et sa mission est assujettie à celle de l'État. C'est une Église d'État. Quant à l'Église libre, elle est reconnue par l'État comme étant une entreprise privée. Ses activités ne sont pas celles de l'État. Elle s'exprime d'une manière indépendante de l'État. Par sa vocation, cette Église accepte la liberté qu'elle a. Par

---

38. Félix MUTOMBO-MUKENDI, *La théologie politique africaine*, p. 124-125.
39. *Ibid.*, p. 125.
40. *Ibid.*, p. 126.
41. D. CORNU, *Karl Barth et la politique*, Genève, Labor et Fides, 1967, p. 68.
42. K. BARTH, *L'Église*, Genève, Labor et Fides, 1964, p. 155.

contre, l'Église « confessante » est opprimée par l'État, qui cherche à la modifier, tout comme elle-même refuse de se soumettre aux modifications souhaitées par l'État parce qu'elle a une vocation principale, qui est celle de l'obéissance à Dieu plutôt qu'à l'État. N'oublions pas que Barth est l'un des fondateurs de l'Église « confessante » qui a pris part à la résistance politique. Il fut lui-même membre du parti socialiste tout en s'engageant dans les questions sociales. Il fut démis par le parti national-socialiste.

Que dire de Dietrich Bonhoeffer (1906-1945) ? Brillant élève d'Adolf Harnack, il fut aussi, avec Barth, l'un des fondateurs de l'Église « confessante ». Pour lui, « celui qui se sépare de l'Église "confessante" se sépare du salut[43] ». À l'arrivée du national-socialisme en 1933, il devint, avec Barth, un opposant farouche à Adolf Hitler en prenant position contre les mesures antisémites du régime en place. Il trempa alors dans un complot visant à assassiner Hitler. Arrêté par la police national-socialisme (Gestapo) en 1943, il fut pendu dans le camp de concentration de Flössenberg en 1945[44].

Qu'en est-il de Paul Tillich (1886-1965) ? Fils d'un pasteur luthérien, il fut pasteur en 1912 dans une paroisse ouvrière de Berlin, puis devint aumônier militaire durant la guerre des tranchées. À cause de son opposition au régime national-socialiste allemand, il s'exila aux États-Unis en 1933[45]. Théologien et philosophe, il essaya de répondre aux grandes questions qui se posent à l'existence humaine dans une culture donnée. Comparé à certains philosophes, Tillich mène une dialectique qui lui est propre. Chapey note que « la démarche de Tillich est profondément assimilatrice, intégrant les vues les plus récentes sans pour autant renoncer aux grandes intuitions des philosophes et des théologiens du passé[46] ». L'ensemble de tous ses écrits possède, du reste, un caractère systématique parce que, pour lui, il s'agirait d'abord de justifier l'attitude religieuse devant un monde séculier qui refuse la transcendance. Il faut montrer comment la foi, « la préoccupation ultime » peut se légitimer dans les perspectives d'une culture éprise de rationalité[47].

Avec Jürgen Moltmann, nous sommes dans une approche théologique, le marxisme, lié à la période de la guerre froide. Jeune homme, Moltmann est enrôlé dans l'armée puis emprisonné en 1945. « C'est dans un camp qu'il recevra un

---

43. *Encyclopédie du Protestantisme*, Paris, Cerf, 1995, p. 500.

44. *Ibid.*

45. Énoch TOMPTÉ-TOM, « L'Église selon K. Barth, Paul Tillich et J.-M. Ela : enjeu pour une ecclésiologie à la croisée du chemin, le cas africain », Thèse présentée et soutenue à la Faculté Libre de Théologie de Montpellier en 2000, p. 287.

46. P. CHAPEY, Paul TILLICH, *Le christianisme et les religions*, Paris, Montaigne, 1968, p. 6.

47. *Ibid.,* p. 9.

exemplaire du Nouveau Testament avec Psaumes des mains d'un aumônier américain. [...] Retourné en Allemagne, il étudia la théologie. Il épousa Elisabeth, une collègue théologienne. Moltmann exerça le ministère pastoral de 1953 à 1958. Et puis il devint professeur de théologie à Wuppertal, Bonn et Tübingen (retraité en 1995)[48]. » Auteur de nombreux ouvrages notamment en théologie systématique, Moltmann a développé la *théologie de l'espérance*. Faisant référence au texte de Romains 12.1 et suivant, il écrit :

> Ne pas se conformer à ce monde, cela ne veut pas dire : se transformer en soi-même, mais cela veut dire : transformer, par sa résistance et par son attente créatrice, la forme du monde où l'on croit, où l'on espère et où l'on aime[49].

Cette théologie de l'espérance eut un impact décisif sur la théologie de la libération en Amérique latine. Moltmann entre en discussion avec les théologiens marxistes ainsi qu'avec la théologie existentielle de Rudolf Bultmann. Pour Moltmann, la théologie doit prendre en compte la réalité politique et sociale[50]. N'oublions pas que son approche de la théologie de l'espérance fut influencée par les expériences qu'il vécut pendant la Deuxième Guerre mondiale.

Enfin, mentionnons Stanley Hauerwas, un théologien protestant né en 1940 à Dallas au Texas. Il est diplômé de l'Université de Yale et professeur à l'Université catholique Notre Dame dans l'État d'Indiana. Il tient la chaire d'Éthique à la faculté de droit de l'Université de Duke. Hauerwas soutient que l'éthique doit se situer au commencement de toute réflexion théologique ; elle n'est donc pas l'aboutissement d'une présentation systématique préalable de la foi[51]. Il estime qu'être chrétien constitue une politique. En effet, l'Église existe partout où les histoires d'Israël et de Jésus sont racontées, incarnées et écoutées ; d'où la particularité des chrétiens :

> Mais raconter cette histoire demande que nous soyons un peuple d'un genre particulier, pour que nous puissions, nous et le monde, entendre cette histoire en vérité. Cela veut dire que l'Église ne doit jamais cesser d'être une communauté de paix et de vérité, dans un monde où règnent le mensonge et la peur. L'Église ne permet pas au

---

48. MUTOMBO-MUKENDI, *La théologie politique africaine*, p. 130.

49. Jürgen MOLTMANN, *La théologie de l'espérance*, p. 355, cité par MUTOMBO-MUKENDI.

50. Klaus Peter BLASER et a, sous dir., *Le monde de la théologie. Un dossier de travail*, *Le monde de la théologie*, Paris Librairie Protestante, 1980, p. 85.

51. Stanley HAUERWAS, *Le Royaume de paix, Une initiation à l'éthique chrétienne*, Coll. Theologia, Paris, Bayard, 2006, p. 61.

monde de lui fixer son ordre du jour à propos de ce qui constitue une
« éthique sociale » ; au contraire, une Église de paix et de justice doit
fixer son propre agenda. Elle le fait tout d'abord en étant patiente au
milieu de l'injustice et de la violence de ce monde, afin de pouvoir
prendre soin de la veuve, du pauvre et de l'orphelin. Du point de
vue du monde, ces préoccupations peuvent paraître contribuer bien
peu à la cause de la justice. Pourtant, nous avons la conviction que,
à moins de prendre le temps pour répondre à ces besoins, ni nous-
mêmes ni le monde ne saura ce qu'est la justice[52].

Au regard de ce qui précède, force est de retenir que pour Hauerwas, laisser
au monde le droit et le devoir de fixer à l'Église un ordre du jour à propos de
son éthique sociale, c'est renier sa vocation. L'éthique chrétienne ne relève
pas du monde. Au demeurant, la foi chrétienne est une réponse morale et
une transformation.

En Afrique, quelques exemples de théologiens suffiront pour illustrer nos
propos : Félix Mutombo-Mukendi, Jean-Claude Djéréké et Kä Mana.

Félix Mutombo-Mukendi est professeur à la Faculté de Théologie à Bruxelles
et examinateur externe à l'University of South Africa (Prétoria). Pour lui, « ce
XXIᵉ siècle sera celui de l'Afrique dans ce monde à condition que la critique
tridimensionnelle de la théologie politique devienne une grandeur structurante
de la réflexion, une pratique présente dans la dévotion[53]. » L'auteur ne manque
pas aussi de préciser que la critique tridimensionnelle de la théologie politique
concerne la « critique de la théologie elle-même, critique de l'Église et critique de
la société[54] ». Il cite trois atouts de l'Afrique qui sont : les ressources naturelles,
humaines et spirituelles[55]. Nous constatons que quelques religieux africains, tout
en reniant Christ, détruisent les nations africaines à cause de leurs accointances
avec le pouvoir politique. Pour lui, il faut « une théologie politique en Afrique qui
tienne compte de l'histoire, de la culture et de la société comme lieux du *croire*,
du *penser* et de l'*agir* "chrétien" en Afrique[56] ».

Jean-Claude Djéréké fut prêtre jésuite ivoirien, favorable à l'engagement
politique des prêtres catholiques. Pour lui, le prêtre doit s'investir dans la
formation de la conscience politique des chrétiens. Le prêtre doit courageusement
dénoncer les maux et ne doit jamais se taire devant les injustices sociales et les

---

52. *Ibid.*, p. 182.
53. MUTOMBO-MUKENDI, *La théologie politique africaine*, p. 17.
54. *Ibid.*
55. *Ibid.*, p. 13.
56. *Ibid.*, p. 19.

oppressions pratiquées par les détenteurs du pouvoir politique en Afrique. Dans son ouvrage, *L'engagement politique du clergé catholique en Afrique noire*[57], il considère que Jésus était, contrairement aux Zélotes et autres résistants de son époque, partisan de la non-violence. Mais Jésus n'était pas toujours d'accord avec les autorités politiques et dénonçait le système théocratique juif qui pratiquait l'oppression et l'exclusion des faibles au nom de la fausse religiosité. Pour Djéréké, les chrétiens ne doivent pas se soumettre aveuglément à tout système émanant des détenteurs du pouvoir, dans le souci d'obéir à Romains 13.1-7. Il estime plutôt qu'un pouvoir irrespectueux des droits humains est tyrannique et donc contraire à la volonté divine. La désobéissance civile est envisageable quand les dirigeants prônent entre autres, l'injustice, l'oppression, le tribalisme et l'exploitation[58].

Le dernier cité, Kä Mana, met l'accent en matière de politique sur la prise de conscience de l'identité africaine. Cette prise de conscience nécessite l'organisation des forces de changement de l'ordre des réalités. Dès lors, libérer l'homme devient un impératif à atteindre coûte que coûte. Et pour sortir l'Africain de sa situation de désespoir, l'auteur suggère que l'on s'inspire de la civilisation asiatique et de sa philosophie[59]. L'approche de l'auteur porte sur le salut global de l'homme. Pour Kä Mana, le salut est appréhendé comme « [...] une libération réelle d'abord sur le plan social, politique et économique dont souffre l'Africain[60] ». Le salut global de l'homme constitue assurément le leitmotiv de l'Église. Au regard de la précarité à la fois sociale, politique et économique dans laquelle vit l'Africain, il faut une libération économique et politique. L'Afrique doit être libérée du joug des pouvoirs corrompus et injustes et l'Église doit s'engager dans cette voie.

3. Tâches bibliques et théologiques en Afrique

Si l'Église appartient à Dieu et que Dieu est compris comme un Dieu libérateur et si Jésus s'est inscrit dans cette option libératrice, il a aussi donné la possibilité à ses disciples de vivre la même mission que lui. Il est question de l'annonce de la Bonne Nouvelle du royaume de Dieu. C'est le royaume des libérés et l'Église est tributaire de cette mission libératrice. Sa tâche consiste à l'articulation de

57. Jean-Claude DJEREKE, *L'engagement politique du clergé catholique en Afrique noire*, Paris, Karthala, 2001.

58. *Ibid.*

59. Kä MANA, *À cœur ouvert : confession d'un croyant africain*, Yaoundé, Clé-Cipre, 2006.

60. Kä MANA, *Foi chrétienne, crise africaine et reconstruction de l'Afrique. Sens et enjeux de la théologie contemporaine*, coll. Défi africain, Nairobi, CETA, 1992.

« la véritable espérance chrétienne » comme le souligne Sesboué, qui « se fonde sur la vérité qu'il faut regarder et discerner avec lucidité[61] ».

Selon Edouard Litambala Mbuli, cette vérité « se cherche au cœur de la vie où les gens s'interrogent avec intensité sur le comment sortir de la crise qui les frappent au quotidien, pour mieux vivre. Lorsqu'on se met à leur écoute pour réfléchir avec eux sur les problèmes de vie, le désir de vie qu'on peut dégager de leurs aspirations est immense et profond. [...] Pour le peuple africain, comment vivre en chrétien dans cette Afrique tiraillée entre les impératifs vitaux et les exigences de l'Évangile[62] ? »

De plus,

> Le rôle du théologien peut être alors significatif dans la mesure où, en tant que croyant, il a reçu une vive conscience des problèmes posés par l'exercice de la foi à une époque ou dans une culture données, et qui est capable de les lire, de les interpréter et de les articuler, et cela en communion avec le peuple de Dieu, seul sujet adéquat de la théologie comme de la foi. En effet, si on lui attribue le rôle de guide, disait A. Vanneste, « on ne croit plus qu'il puisse l'exercer sans participer directement à la vie concrète de la communauté chrétienne. Il n'a plus le droit de se désintéresser de ce qu'on appelait jadis les secteurs profanes de la vie. Car si le processus de l'incarnation est complexe, il est en même temps un et indivisible, il concerne en effet la vie toute entière. Faire de la théologie aujourd'hui, ce n'est uniquement écrire des *Sommes théologiques*... La théologie ne s'élabore plus sans référence aux signes de temps. La praxis est devenue un lieu théologique et on ose même prétendre que la théologie doit surgir d'en bas »[63].

Le théologien africain a une mission privilégiée. C'est d'être l'éducateur qui veille au respect des droits fondamentaux, qui forme le peuple aux valeurs éthiques pour le respect des libertés fondamentales par les dirigeants politiques. Le discernement est un facteur important pour tout engagement politique. Les critères de discernement touchent aux différentes valeurs qui sont : les droits en

---

61. B. SESBOUE, « D'une société de chrétienté à une Église minoritaire », conférence donnée aux Facultés Universitaires Notre-Dame de la paix de Namur, 13 mai 2003.

62. Édouard LITAMBALA MBULI, « La mission du théologien en Europe et ailleurs », présentation à l'Assemblée Générale de l'Association Francophone Œcuménique de Missiologie, 23-24 mai 2003, https://www.afom.org/old/telechargement/LitambalaMissionThelogien.htm.

63. *Ibid.*

ce qui concerne la dignité humaine, la liberté individuelle et collective, la justice et la lutte contre l'impunité, la responsabilité et l'ouverture au spirituel.

Nous pouvons constater que le théologien ne peut rester neutre devant le phénomène politique. D'abord, que signifie la neutralité ? Être neutre, est-ce donc être juste ? À notre avis, la Parole de Dieu doit être annoncée dans une situation politique parce que le cloisonnement de la théologie et du politique ne peut offrir un bon lieu d'articulation. Tout théologien doit être engagé dans son contexte. Comment peut-il témoigner de Dieu en restant insensible aux conditions qui l'entourent ? Tshibangu cite quelques illustrations de cette tâche théologique en ces termes :

> [...] ainsi furent les Saint Augustin, Saint Thomas d'Aquin...Si ces esprits sont devenus de grands théologiens cela est dû à la profondeur de leurs interrogations métaphysiques, et l'engagement de chacun dans les tâches, les préoccupations et les nécessités exigeantes de la pensée et de l'action selon les situations vécues par chacun[64].

Conclusion

Le théologien africain peut être appelé à s'exprimer sur les questions politiques, à prendre position et à s'engager. Il peut le faire en restant fidèle aux grandes lignes que lui dicte sa foi. Des exemples comme ceux des prophètes de l'Ancien Testament, de Martin Luther King et du mouvement qu'il a suscité démontrent la possible fécondité de telles actions[65].

---

64. Th. TSHIBANGU, « Les tâches de la théologie africaine », *Libération ou Adaptation : La Théologie africaine s'interroge*, (Le Colloque d'Accra), Appiah-Kubi, K., et al, sous dir., Paris, L'Harmattan, 1979, p. 94.

65. André Kabasele MUKENGE, « Le prophète comme "guetteur", Ez 3. 16-21, 33.1-9 : Analyse littéraire et actualisation », dans L. SANTEDI Kinkupu, sous dir., *La théologie et l'avenir des sociétés. Cinquante ans de l'Ecole de Kinshasa*, Paris, Karthala, 2010, p. 123.

3

Église et démocratie en Afrique[1]

Jean-Patrick NKOLO FANGA

Le processus démocratique dans les pays d'Afrique fait l'objet de polémiques tant à l'intérieur qu'à l'extérieur du continent, à cause des travers observés çà et là. Ce bredouillement peut s'expliquer par la volonté de maintenir des personnes *ad vitam aeternam* au pouvoir ; des procédés plus ou moins démocratiques sont alors utilisés : élections supposées, modification de la constitution au sujet du renouvellement des mandats électoraux, crises postélectorales, etc. Les Églises qui sont en Afrique ont participé de diverses manières, selon les pays, aux mouvements qui ont modifié les systèmes politiques sur le continent dans les années 1990. Ces Églises sont passées du silence complice à la participation active, en passant par des appels à une prise de conscience. Toutefois, le rôle de l'Église dans la vie politique reste un sujet de débat : les différentes confessions chrétiennes qui constituent l'Église devraient-elles se mêler de politique ou simplement préparer leurs membres à devenir des citoyens responsables ? Où se trouve d'ailleurs la limite entre ces deux positions ? Comment annoncer la Bonne Nouvelle du salut sans tenir compte des réalités de ceux qui reçoivent cette parole salvatrice ? Comment tenir compte des contextes dans l'annonce de l'Évangile sans « faire de la politique » ? Quels devraient être le rôle et la place de l'Église dans le processus démocratique en Afrique ?

---

1. Ce chapitre reprend en grande partie un article de l'auteur : Jean Patrick NKOLO FANGA, « Le rôle de l'Église dans les crises socio-politiques en Afrique : enjeux et perspectives », dans Enoch Tompté-Tom, sous-dir., « Réconciliation, justice et renouvellement dans une Afrique conflictuelle et post conflictuelle : Place et rôle de l'Église », Actes du Colloque International Conjoint du 23 au 25 janvier 2017 à Bangui (République Centrafricaine) Faculté de Théologie Évangélique de Bangui (FATEB) Bangui 2017. Reproduit avec autorisation.

1. Les Églises en Afrique et les processus démocratiques : quelques exemples

L'Église est communément définie comme la communauté de tous ceux qui confessent Jésus comme Seigneur et Sauveur. La mission de l'Église pourrait se résumer en ceci : « Faire de toutes les nations des disciples de Jésus-Christ par l'évangélisation et l'édification de la foi en Christ (Mt 28.18-20)[2]. » À partir de ces éléments, nous comprenons que le terme Église représente en fait deux réalités interdépendantes :

- L'Église invisible et « universelle désigne l'ensemble des croyants, de tous les temps et du monde entier[3] ». La chrétienté se vit d'abord de l'intérieur dans la relation individuelle avec Dieu, puis elle se manifeste dans la relation avec l'autre, avec la nature, avec la société.
- L'église visible et « locale qui est l'ensemble des croyants d'une localité spécifique[4] » et de tout ce qui, de manière visible, représente l'Église universelle.

Il existe différentes formes de gouvernement dans l'Église selon les confessions chrétiennes[5]. Ainsi l'Église est dite :

- Épiscopale si le pouvoir de décision est attribué à l'évêque ;
- Congrégationaliste si le pouvoir de décision revient à l'ensemble des membres réguliers ;
- Presbytéro-synodale si pasteurs et anciens de l'Église (comme représentants du peuple des fidèles) participent ensemble à la prise de décision.

L'Église locale a le devoir de témoigner du Christ et d'annoncer l'Évangile en paroles et en actes. De ce fait, sa proximité avec les instances de pouvoir politico-économique la place dans un rôle prophétique. Comment l'Église pourrait concrètement accompagner le processus démocratique d'une nation ? Quelles seraient les exigences sur lesquelles elle devrait s'appuyer pour accompagner le processus démocratique ?

---

2. Jean Patrick Nkolo Fanga, « Pasteur et collaborations pour la conduite d'une église locale en Afrique », p. 6, https://www.researchgate.net/publication/308201934_Le_pasteur_et_les_autres_ministeres_au_sein_d%27une_eglise_locale_la_collaboration_en_question.

3. Steve Atkerson, « L'Église de localité », New Testament Reformation Fellowship, 2007, https://ntrf.org/french/leglise-de-localite/, consulté le 18 mai 2022.

4. *Ibid.*

5. M. PACAUT, *Les Institutions Religieuses*, Paris, Presses universitaires de France, 1951, p. 10-20.

Depuis 1990, date des premiers grands rassemblements de contestation et de transition politique en Afrique, les Églises ont agi pour une gestion plus saine et plus juste du pouvoir[6].

Au Bénin, Togo, Burkina Faso, Cameroun, comme dans la plupart des pays d'Afrique francophone, les Églises ont régulièrement fait connaître leur position sur les crises politiques qui secouaient leurs pays respectifs. Les leaders d'Églises ont toujours rappelé le respect des vies humaines, la justice, l'équité et la démocratie. Ils ont également organisé des temps de prière pour confier à Dieu les situations de crise par lesquelles passaient leurs pays respectifs[7].

Dans plusieurs pays d'Afrique francophone, ce sont, pour la plupart des cas, des hommes d'Église qui ont dirigé les conférences nationales ou les rencontres mises en place pour résoudre les crises politiques nées dans les années 1990.

1.1. Le cas du Bénin[8]

Au Bénin, la mise en place d'un nouveau régime politique a coïncidé avec le retour du religieux sur la scène politique. À mesure que des membres d'églises participaient de manière active au processus de démocratisation dès la fin des années 1980, les acteurs politisés se sont servis du religieux pour construire leurs discours politiques, pour accéder au pouvoir ou pour le conserver. L'événement marquant du processus de démocratisation et de l'alternance politique actuelle au Bénin fut la conférence nationale souveraine tenue en février 1990. La participation des chrétiens aux préparatifs, à la réalisation et au suivi de cette grande réunion nationale fut remarquable, et mérite qu'on s'y attarde. L'année 1989 fut marquée par la contestation dans tous les secteurs de la vie au Bénin : crises politique, sociale et économique, et convocation d'une conférence nationale ayant pour finalité l'avènement d'un renouveau démocratique en décembre.

Les évêques sont restés prudents en évitant de participer aux vagues de contestation, mais en choisissant de réveiller les consciences. Deux types

---

6. Marc Kodjo AGAYI, « L'engagement politique des chrétiens dans les pays francophones d'Afrique de l'Ouest (1990-2005) », thèse de doctorat en théologie catholique, Université de Strasbourg, 2010, p. 182-190.

7. *Ibid.*

8. Inspiré en grande partie des travaux de Cédric MAYRARGUE, « Dynamiques religieuses et démocratisation au Bénin. Pentecôtisme et formation d'un espace public », Sciences de l'Homme et Société, Institut d'études politiques de Bordeaux, Université Montesquieu-Bordeaux IV, 2002.

de documents ont été utilisés par les chrétiens pendant la préparation de la conférence nationale :

- Des communiqués, des lettres initiées par les confessions religieuses[9] ;
- Des réponses à la demande du comité préparatoire qui souhaitait recevoir les analyses et les avis de toutes les forces vives de la nation béninoise[10].

Après avoir dressé un constat sombre de la marche du pays, ils apprécient l'ouverture démocratique, tout en restant prudents sur les résultats du processus. Ils s'interrogent aussi sur le rôle de l'Église : si elle ne peut proposer un modèle de société dans un État laïc, ses membres doivent prendre position et agir dans la cité[11].

Pendant la conférence nationale en février 1990, la participation des confessions chrétiennes a été plus directe que pendant la période préparatoire. Les confessions religieuses disposaient déjà de dix-huit représentants à la conférence nationale ; de plus, toutes les associations ayant envoyé des contributions ont été invitées à y participer. La participation active des chrétiens peut être illustrée par l'élection à l'unanimité de Mgr de Souza à la tête du collège de treize personnes qui avait la lourde responsabilité de diriger la conférence nationale souveraine. Cette élection fut rendue possible par la place que l'Église occupait à cette époque dans le contexte béninois, à savoir : neutralité politique, non-compromission avec le régime et implications sociales de la pastorale[12].

Cependant, le choix d'une personnalité religieuse ne fut pas accepté par tous, à cause des divergences de conception au sujet de la laïcité et du rôle que l'Église devrait jouer dans la vie politique d'une nation. Les protestants n'étaient pas tous d'avis que l'Église devait s'impliquer activement dans le processus de démocratisation.

> Les seuls à rester sceptiques sur le choix d'une personnalité religieuse furent les représentants protestants et musulmans. Derrière le philosophe Paulin Hountondji, délégué protestant qui craignait une atteinte à la laïcité, ils préférèrent s'abstenir lors de l'élection du prélat[13].

---

9. *Ibid.*, p. 109.
10. *Ibid.*, p. 110.
11. Déclaration du Conseil interconfessionnel des Églises protestantes au Bénin, colloque des 12 et 13 février 1990. Cité par Mayrargue, p. 111.
12. Mayrargue, « Dynamiques religieuses et démocratisation au Bénin », p. 117.
13. *Ibid.*

Cédric Mayrargue justifie l'élection de Mgr de Souza par son succès dans la conduite des travaux de la conférence nationale, mais surtout par la mise en application des résolutions grâce à son habileté. Il a su associer le président Kérékou alors en poste au déroulement des travaux[14].

Cette volonté d'associer toutes les parties en présence, y compris celles qui sont rejetées par le peuple, mérite d'être soulignée car cela n'a pas toujours été le cas. Ainsi, au Zaïre, aujourd'hui République Démocratique du Congo, certains chercheurs expliquent le non-respect des résolutions de la conférence nationale par le fait que l'Église avait pris position contre le pouvoir en place. De ce fait, elle ne pouvait plus servir de médiatrice[15].

Notons enfin que plusieurs auteurs ont insisté sur l'accompagnement spirituel de la conférence nationale du Bénin par les différentes Églises, notamment par des jeûnes et des temps de prière avant et pendant l'événement[16]. Mgr de Souza invoquait régulièrement la présence divine et prêchait la repentance, la réconciliation et le pardon pour faire avancer les débats très souvent houleux[17].

L'action de l'Église se poursuivra pendant la période de transition, car le gouvernement de transition prenait l'habitude de consulter les confessions religieuses qui, à leur tour, organisaient des cultes et des temps de prière pour encadrer les principaux évènements politiques. Même lors des élections présidentielles organisées à l'issue de la période transitoire, l'Église par l'entremise de Mgr de Souza, alors président de l'Assemblée législative de transition, a joué un rôle majeur dans l'acceptation du verdict des urnes, en appelant au calme et en négociant des garanties de sécurité pour le pouvoir qui venait de perdre les élections[18].

Le cas du Bénin nous permet de tirer quelques leçons édifiantes sur la participation de l'Église dans le processus démocratique :

- Les Églises ont joué leur rôle de prophète en annonçant la volonté de Dieu pour le peuple par un double exercice herméneutique. Il s'agissait d'interpréter l'actualité sociopolitique à la lumière de la Bible

---

14. *Ibid.,* p. 119.
15. BERCI/NDI, « Les leçons à tirer de la conférence nationale souveraine et ses implications pour le dialogue inter-congolais », accessible en ligne https://www.ndi.org/sites/default/files/1296_cd_natconf2001_0.pdf, consulté en mai 2022.
16. Cf. Fabien EBOUSSI-BOULAGA, *Les conférences nationales en Afrique noire, une affaire à suivre,* Paris, Karthala, 1993.
17. MAYRARGUE, *Dynamiques religieuses et démocratisation au Bénin,* p. 120.
18. *Ibid.,* p.130.

et d'interpréter la Bible dans le contexte du Bénin, pour exhorter le peuple tout entier à la repentance et à plus de responsabilités ;

- Les Églises sont entrées dans l'action politique en situation de crise, en s'assurant de jouer un rôle de médiateur entre les habitués du jeu politique ;
- Les fils des différentes Églises ont assumé leur responsabilité en incluant toutes les tendances de la société dans une volonté d'apaisement, de réconciliation et de respect mutuel. Il s'agissait de faire parler le peuple sans mépriser celui qui avait l'autorité de diriger le pays même s'il était fortement contesté ;
- Les Églises ont associé le Saint-Esprit par des temps de prière et de jeûne.

Toutes ces actions montrent bien que l'Église peuple de Dieu (toutes confessions confondues) a un rôle à jouer dans la démocratie d'une nation. Il convient de tirer les leçons de cet exemple du Bénin pour que chaque Église puisse s'en servir. Notons pour terminer dans ce registre, que nous avons remarqué la difficulté pour les Églises d'agir de manière concertée. La volonté des différentes dénominations chrétiennes de s'affirmer ou de prendre les devants l'emporte presque toujours…

1.2. Synthèse : intervention de l'Église dans le processus démocratique en Afrique dès 1990

Les modalités d'intervention de l'Église au Bénin, pendant la période de quête de démocratie, de libéralisme et d'alternance politique, se retrouvent sous diverses formes dans les autres pays d'Afrique noire[19] de 1990 à nos jours. Selon Agayi, l'intervention de l'Église est caractérisée par les lettres pastorales (que nous pouvons aussi appeler des rappels à l'ordre) et les responsabilités politiques des membres d'Église.

Les lettres pastorales et les communiqués des confessions chrétiennes

Ces lettres sont des réponses de l'Église à des questionnements concernant des situations sociopolitiques précises : les élections, les coups d'État, les grèves, etc.

Les circonstances dans lesquelles l'Église les a souvent utilisées sont diverses. Ainsi, lors des crises politiques de la fin des années 80, plusieurs conférences

---

19. Agayi, « L'engagement politique des chrétiens », p. 181-245.

épiscopales nationales et fédérations protestantes ont écrit des lettres pastorales pour éclairer leur pays sur ce qui devrait être fait dans une perspective chrétienne :

- Au Bénin, premier pays à organiser une conférence nationale souveraine dans les années 1990, les évêques à travers la conférence épiscopale ont publié deux lettres pastorales : lors du carême de 1989 ayant pour titre « Convertissez-vous et le Bénin vivra[20] ». Dans cette lettre, ils appelaient à une recherche des causes du malaise social afin de trouver les solutions adéquates. Les évêques attirent l'attention de leurs compatriotes sur leur propre responsabilité dans la gestion des charges qui leur sont confiées et dénoncent le manque d'amour pour la patrie au profit des intérêts personnels et égoïstes. En 1990, au nom de la protection de la personne humaine, les évêques du Bénin publient une autre lettre pastorale intitulée : « Au service du relèvement de notre pays. » Dans cette deuxième lettre, ils regrettent la faible participation des chrétiens à la vie politique et suggèrent la démocratie, faisant ainsi écho aux revendications des partis d'opposition et de la population dans sa majorité.
- Au Togo, la conférence des évêques a régulièrement publié depuis 1990 des lettres pastorales, pour éclairer l'opinion sur l'attitude à adopter pour la restauration des valeurs morales participant au respect de la dignité humaine.
- Au Cameroun, la FEMEC[21] devenue CEPCA[22] a régulièrement attiré l'attention du peuple sur les grands évènements politiques en insistant sur le respect des droits humains, la transparence, la justice, la paix.

Les élections, des données de toute autre nature, constituent des moments cruciaux en Afrique. Pendant toutes les étapes des différentes élections, l'Église se prononce sur les programmes politiques et les systèmes de vote mis en place, en appelant à plus de transparence. Il s'agissait d'éviter les fraudes et de permettre que le résultat des urnes soit respecté.

Les différentes confessions chrétiennes sollicitent régulièrement l'intervention divine lors des crises sociopolitiques et des événements importants de la vie politique comme les élections, soit par leur propre initiative, soit à l'initiative du pouvoir ou de la société civile.

---

20. *Ibid.*, p. 182-183.
21. Fédération des Églises et Missions Évangéliques.
22. Conseil des Églises Protestantes du Cameroun.

Les responsabilités politiques

Comme nous l'avons vu pour le cas du Bénin, plusieurs personnalités religieuses, ailleurs en Afrique, ont participé de manière active au déroulement du processus démocratique des années 90 en occupant des fonctions stratégiques et vitales :

- Pour débloquer les tensions entre parti au pouvoir et opposition au Burkina Faso, le président de l'époque, Blaise Compaoré, mit en place un comité de concertation constitué de douze personnalités issues des confessions chrétiennes, musulmanes et des autorités coutumières ; la présidence de ce comité fut confiée en juin 1991 à l'Abbé Séraphin Rouamba, prêtre de l'Église catholique.

- La plupart des conférences nationales après celle du Bénin ont été dirigées par des évêques, même si les résultats n'ont pas été toujours satisfaisants : au Togo par Mgr Kpodzro, en RDC par Mgr Mosengwo, au Congo par Mgr N'Kombo et au Gabon par Mgr Basile Mvé.

- La commission nationale d'organisation des élections au Burkina Faso est constituée de responsables d'Église ; au Cameroun, le Dr Massi Gams, ancien secrétaire général de l'EPC[23] est nommé à l'ONEL puis maintenu à ELECAM, des structures en charge de l'organisation des élections.

- Les Églises ont aussi eu à prendre leur responsabilité dans des mouvements collectifs de protestation, comme ce fut le cas au Togo après la mort de Gnassingbé Eyadéma. Contrairement à la constitution en vigueur au moment de son décès, son fils, en lieu et place du président de l'Assemblée nationale, le remplaça après une modification judicieuse de la constitution. L'Église catholique romaine, l'Église presbytérienne évangélique et l'Église protestante méthodiste, après une réunion de prière, sont intervenues dans l'élan de protestation. Elles ont lancé un appel à la nation, demandé le retour à la constitutionnalité, l'organisation d'élections transparentes, organisé une marche pacifique et engagé une série d'actions ayant abouti à un consensus entre le pouvoir et l'opposition[24].

L'Église d'Afrique continue de jouer un rôle majeur dans le processus démocratique en cours. À partir des exemples que nous avons cités, nous devons rechercher quels sont les modèles d'intervention compatibles avec les exigences

---

23. Église Presbytérienne Camerounaise.
24. AGAYI, « L'engagement politique des chrétiens », p. 237-238.

politiques de la démocratie, la culture des peuples d'Afrique et la théologie chrétienne. Si nous admettons que l'Église a un rôle à jouer dans le processus démocratique, nous devons clairement identifier quelles en sont les modalités.

2. Les exigences chrétiennes et contextuelles pour la démocratie en Afrique

2.1. La démocratie et l'Évangile en Afrique

Parler de démocratie en Afrique n'est pas aisé, car dans les langues africaines, il est difficile de trouver un synonyme à la démocratie telle que conçue par la pensée occidentale. Le *dictionnaire Larousse* définit la démocratie comme : « un régime politique dans lequel le peuple exerce sa souveraineté lui-même sans l'intermédiaire d'un organe représentatif (démocratie directe) ou par représentants interposés (démocratie représentative)[25] ». Selon l'*Encyclopédie du protestantisme*, la démocratie est le « gouvernement du peuple par le peuple (*demos*)[26] ». Il est à souligner que tout gouvernement par le peuple n'est pas forcément démocratique, car la démocratie implique des élections libres auxquelles tout citoyen participe, mais aussi, un État de droit, respectant la séparation des pouvoirs et les droits de l'Homme[27]. Le *Dictionnaire de philosophie* présente la démocratie comme « un régime politique, par opposition à la monarchie et à l'aristocratie, [qui] tire du peuple la source de sa souveraineté et de sa légitimité[28] ». Nous pouvons donc retenir que d'après ces sources qui reflètent bien la pensée occidentale moderne et postmoderne, la démocratie est le système politique qui donne au peuple le pouvoir d'intervenir dans sa gouvernance.

Il existe plusieurs manières d'organiser démocratiquement la société[29], contrairement à l'illusion d'imposer aux pays en Afrique le système démocratique en vigueur dans l'ancienne puissance coloniale :

- Démocratie directe : tous les membres de la communauté prennent les décisions sans intermédiaires. Ce système est difficile à appliquer dans les grands groupes humains.

---

25. *Le Petit Larousse Illustré*, Paris, Larousse, 2010, p. 302.

26. *Encyclopédie du protestantisme*, p. 305.

27. *Ibid.*

28. Christian Godin, *Dictionnaire de philosophie*, Fayard-Editions du temps, 2004, p. 311

29. François Tshipamba Mpuila, « La démocratie est une valeur et une exigence universelles », accessible en ligne sur www.congoonline.com, 1998, consulté le 13 Décembre 2011.

- La démocratie semi-directe : elle se caractérise par l'usage de vote, de référendum par lesquels le peuple exprime directement son opinion et prend position sur les questions importantes. Elle est appliquée en Suisse, aux États-Unis, en Australie, Allemagne, Italie, Hongrie...
- La démocratie représentative : le peuple gouverne par l'intermédiaire de ses représentants. Ce système favorise les débats entre représentants du peuple pour la prise des décisions.

Dans les réalités des peuples d'Afrique, les notions d'autorité, de pouvoir et de gouvernance politiques sont davantage exprimées dans le rapport que le dirigeant légitime a avec le reste de la communauté ou le peuple. Le chef ou le roi en langue *beti-fang* d'Afrique centrale par exemple se dit *njô bot*, c'est-à-dire celui qui dirige les hommes. Le cadre de prise de décision se dit *ekoan bot* qui veut dire en français « la réunion des hommes » (lorsque les membres d'une communauté sont rassemblés pour prendre des décisions). Cette conception de la politique communautaire en Afrique pourrait suggérer une réflexion sur une forme de démocratie qui tienne compte de la culture des peuples d'Afrique. Les sciences humaines mettent en exergue le fait qu'il est important de gouverner une organisation humaine en tenant compte de sa culture et de ses autres réalités, comme le fait l'Église à travers la contextualisation de l'Évangile.

La situation de la démocratie en Afrique est complexe parce qu'elle est appréciée sur la base d'une médiation culturelle occidentale. Ce regard extérieur ne facilite pas la praxis harmonieuse de la démocratie en Afrique, raison pour laquelle la plupart des pays africains traversent régulièrement des moments difficiles en période électorale et postélectorale. En effet, pendant la colonisation, les peuples africains étaient éduqués dans une logique d'assimilation, surtout en Afrique francophone, au point où les luttes pour les indépendances n'étaient que des luttes identitaires et une révolte contre les inégalités entre colons et colonisés. Le contexte des indépendances fut marqué par les faits suivants :

- En 1945, à la fin de la Deuxième Guerre mondiale, l'Afrique était encore sous la domination des puissances occidentales à l'exception de quelques pays ;
- Les États-Unis et l'URSS étaient opposés au colonialisme ; ceci a poussé la France à revoir sa politique en Afrique et à évoquer l'idée pour les Africains de se prendre eux-mêmes en charge, notamment lors de la conférence de Brazzaville en 1944 ;
- La tendance est à l'égalitarisme à cause de la politique d'assimilation menée par la France. On la voit avec la première vague d'élites née

avant ou pendant la Première Guerre mondiale, tels Léopold Cedar Senghor, Houphouët Boigny, Léon M'Ba, etc. ;

- Plus tard, on assiste à l'émergence de jeunes générations de leaders plus radicaux aux tendances fortement nationalistes, dont l'ardeur sera cependant tempérée par des modérés ;
- Les indépendances seront finalement acquises par négociation ou lutte armée.

Les indépendances acquises tant bien que mal ont laissé la place à des régimes démocratiques pensés et imposés par l'ex-puissance coloniale avec comme matrice dans la presque totalité des pays africains le monopartisme qui se transforma progressivement en dictature. L'Afrique a connu entre les années 1960 et 1980 une série de coups d'État qui mettaient à mal la libre expression des peuples. La crise économique des années 1980 avec ses conséquences sociales a entraîné un mal-être généralisé. Ce fut le début de revendications populaires de liberté et d'égalité qui ont abouti à la réintroduction du multipartisme, qualifié à tort ou à raison d'accession à la démocratie. Les instabilités politiques de plusieurs pays africains reposent encore le problème de la compatibilité du système démocratique occidental avec la culture des peuples d'Afrique.

L'étude de quelques royaumes[30] au Cameroun nous a permis de retenir quelques éléments utiles à la conduite des communautés africaines[31], et donc à une pratique harmonieuse de ce que l'on pourrait qualifier de « démocratie » selon les critères occidentaux. Nous pouvons citer[32] :

- Les sources de légitimité[33] du responsable d'une communauté sont : la lignée, l'accord ou l'appel de Dieu et l'accord du peuple. Cet aspect de l'autorité en Afrique soulève la nécessité d'associer la spiritualité à l'autorité pour ceux qui aspirent à l'exercice de responsabilités séculières.

---

30. C. NANGA, « La réforme de l'administration territoriale au Cameroun à la lumière de la loi constitutionnelle n° 96/06 du 18 Janvier 1996 », mémoire de Master en administration publique, France, ENA, 2000, accessible en ligne : www.ena.fr, consulté entre novembre 2009 et mai 2010.

31. Jean Patrick NKOLO FANGA, *Le pasteur et le management d'une Église locale au sein du Conseil des Églises Protestantes du Cameroun*, Carlisle, Langham Monographs, 2021, chapitres 7 et 8.

32. *Ibid.*, p. 256.

33. Sa Majesté SOKOUNDJOU Jean Rameau avec pour thème : « La chefferie traditionnelle dans une Afrique en crise : jalons pour une reconstruction », conférence présentée à l'Université de Lille I, novembre 2000.

- L'exercice du pouvoir se fait de manière collégiale par la recherche du consensus au sein d'un cadre réunissant autour du roi, les représentants de toutes les composantes de l'organisation. Nous pouvons noter que cette manière de gérer le pouvoir est très peu compatible avec la démocratie à l'occidentale qui est caractérisée par la force de la majorité et le respect des minorités. Dans la culture des peuples d'Afrique, celui qui dirige doit associer toutes les composantes à l'exercice du pouvoir.
- La prise de décision se fait par consensus après avoir donné à chaque partie la possibilité de prendre la parole, le principe étant d'éviter de léser une partie. Le roi ne décide pas seul, il consulte les notables. Le vote n'a pas de place ici, car il est question de trouver le moyen de satisfaire toutes les parties en présence.
- La promotion du bien-être de l'homme : il est question de rechercher tout ce qui peut contribuer à un mieux-être des membres de la communauté, mais aussi de protéger les acquis.

Cette manière de gérer les communautés dans la tradition africaine était fortement influencée par la cosmogonie des peuples d'Afrique qui associe monde spirituel et monde matériel constitués de manière hiérarchisée. Le monde spirituel comprend l'Être suprême source de la vie, les intermédiaires entre les hommes et lui que sont les ancêtres, les esprits de la nature. Le monde visible quant à lui est constitué par l'homme qui vit dans un environnement avec lequel il entretient des relations d'interdépendance. Cet environnement est constitué de sa famille au sens large du terme (les ancêtres et les vivants) et la nature. Ses relations avec son environnement influencent sa vie quotidienne : la réussite par exemple est la conséquence de la bénédiction des ancêtres. Ils récompensent celui qui prend soin de sa famille et punissent celui qui abandonne les siens ou qui trahit son clan. Les aînés sont respectés parce que plus proches du monde invisible que leur cadet et censés perpétuer les valeurs ancestrales. Nous retenons que dans la culture des peuples d'Afrique, la monarchie est établie pour veiller à la justice et au bien-être de tous. Les peuples d'Afrique ont eu traditionnellement des formes de gouvernance « démocratiques » basées sur le consensus, la collégialité, la spiritualité et le bien-être de tous. Les monarques dans la plupart des cas étaient soumis aux critiques du peuple à travers des sociétés secrètes. Il serait temps de s'y pencher pour élaborer des systèmes « démocratiques » qui conviennent aux peuples d'Afrique.

Il y a dans la gouvernance démocratique traditionnelle en Afrique une ouverture à l'Évangile et à la spiritualité chrétienne. Les valeurs de l'Évangile de Jésus vont dans le sens de la promotion du bien-être de l'être humain dans le respect de la volonté de Dieu, l'être suprême et le Père de tous. Le Christ a d'ailleurs encouragé ceux de ses disciples qui voulaient dominer les autres à être des serviteurs plutôt que des princes tyranniques. Le recours à l'Esprit Saint est une manière d'associer Dieu à la gestion des affaires temporelles.

Les conférences nationales qui ont été des inventions africaines ont constitué l'amorce de solutions africaines aux problèmes politiques du continent. Il est heureux de constater qu'au cours de ces « palabres », les Églises ont eu une place de choix, mais également Dieu a été associé. Les chrétiens africains devraient continuer à « inventer » des solutions qui conviennent à leur culture, mais également à l'Évangile pour que la voix du peuple se fasse entendre dans l'harmonie. L'Église est invitée, comme par le passé, à participer à cette quête de démocratie, non seulement en jouant un rôle de médiateur mais aussi en suscitant un questionnement proactif.

2.2. Quelques exigences de la démocratie

La démocratie a des exigences. Nous n'en retiendrons que quelques-unes qui ont influencé l'idée de démocratie contemporaine et qui sont compatibles avec la foi chrétienne[34] :

- La liberté : la démocratie est liée au besoin populaire de liberté en ce sens que, par elle, le peuple voudrait avoir la liberté de choisir ses dirigeants et de prendre les décisions qui concernent les aspects importants de son existence. On note les concepts de liberté-autonomie (absence de contrainte, indépendance), liberté-participation (empêcher une autorité dictatoriale par la participation de tous).
- La justice : il est question de veiller à ce que les êtres humains aient chacun les mêmes droits. Cet aspect de la démocratie vise à protéger les minorités et les faibles.
- L'égalité est le ferment de la démocratie, car le système ne peut fonctionner que si les êtres humains sont acceptés comme étant tous égaux devant la loi, les inégalités ayant été le catalyseur de toutes les révolutions des peuples.
- La croissance économique : la démocratie devrait veiller à une juste répartition des biens communs, afin que chacun au sein du peuple

---

34. Cf. François Tshipamba MPUILA, « La démocratie, une valeur, une exigence », www.congoonline.com.

profite des fruits de la croissance économique, mais surtout des richesses communes.

2.3. Approches théologiques de la démocratie en Afrique

Les pères de l'Église

Tertullien a insisté sur le fait que Dieu est la source du pouvoir temporel et que de ce fait les lois de l'État ne devraient pas s'opposer à celle de l'Église, ni contraindre les chrétiens à adorer un dieu particulier. Il pensait que c'était Dieu seul qui pouvait faire prospérer le règne d'un empereur, raison pour laquelle il suggéra de prier pour les autorités (Apologétique 24.5-6 ; 30.1-4 ; 37.4-6). Lactance, de son côté, mettra un accent particulier sur la justice comme base de vie sociale, car pour lui, l'homme est différent de l'animal par le langage et l'esprit dont il dispose. Cet homme devrait vivre dans la charité comme principale exigence de justice. Les êtres humains dans la société doivent militer en faveur du bien-être commun (Épitomé 34), car ils sont tous égaux. Augustin, quant à lui, pense qu'il revient aux hommes d'œuvrer sur terre pour le développement de la cité terrestre en pensant à la cité de Dieu qui aura toujours une avance ou devrait servir d'idéal. Il place chacun en face de sa conscience et milite en faveur d'une collaboration fructueuse entre l'Église et l'État.

Les théologiens de la Réforme

Pour Calvin :

> On compte trois espèces de régimes civils : à savoir la monarchie, qui est la domination d'un seul qu'on nomme roi, ou duc ou autrement ; l'aristocratie, qui est une domination gouvernée par les principaux et gens d'apparence ; et la démocratie qui est une domination populaire, en laquelle chacun du peuple a puissance[35].

Parmi ces trois formes de gouvernement, Calvin a une préférence pour un gouvernement qui privilégie la liberté du peuple : « La prééminence de ceux qui gouvernent en tenant le peuple en liberté est plus à priser[36]. » Il suggère un mode de gouvernement avec des contre-pouvoirs pour prévenir la tendance naturelle de l'homme à asservir ses concitoyens : « Que plusieurs gouvernent s'aidant les uns les autres, et s'avertissant de leur office ; et si quelqu'un s'élève trop haut,

---

35. Calvin, Institution de la Religion Chrétienne, tome IV, XX.8b, p. 455.
36. Ibid.

que les autres lui soient comme censeurs et maîtres[37]. » Il insistera aussi sur les notions d'équité et de justice : « Toutes les lois du monde, de quelque affaire que ce soit, doivent revenir à une même équité […] il convient donc que cette équité seule soit le but, la règle et la fin de toutes lois[38]. » L'une des exigences du « gouvernement du peuple » par Calvin est le respect de la liberté du peuple qui ne doit pas cependant éluder la question du respect de l'autorité qui est une autre exigence. Pour Calvin, même si les princes et autres autorités se rendent coupables d'exactions, « quels qu'ils soient et comment qu'ils se gouvernent, ils n'ont domination que de lui […] un mauvais roi est une colère de Dieu sur la terre (Jb 34.30 ; Os 13.11 ; Es 3.4 ; 10.5)[39] ». Pour lui, ces dignitaires exécutent souvent sans le savoir la volonté de Dieu. Cependant, Calvin a prévu qu'il est possible de résister à la tyrannie dans certaines conditions. Prenant exemple sur Daniel, Calvin démontre que l'obéissance aux autorités ne saurait être supérieure à celle que nous devons à Dieu.

Les théologiens africains du monde contemporain

La pensée de Calvin nous permet de comprendre que la liberté du peuple, la justice et la soumission à la volonté de Dieu sont les exigences d'une bonne démocratie. En Afrique, la pensée théologique a considérablement évolué à travers le temps, mais aussi à travers les changements de l'environnement sur le continent. À la suite d'une théologie de l'inculturation visant à revaloriser la culture des peuples d'Afrique, l'on est passé à un besoin de prise en compte des réalités contextuelles pour parler de théologie de libération. Pour Jean-Marc Ela par exemple, la tâche de la théologie en Afrique devrait être axée sur la recherche de réponses à la question : « Qu'est-ce que le Dieu de Jésus-Christ peut bien nous dire aujourd'hui en Afrique ? » Il est question de pouvoir parler de Dieu à des « gens qui sont dans des situations de pauvreté, de sécheresse et de famine, d'injustice et d'oppression[40] ». Cette approche voudrait une théologie plus praxéologique que spéculative, plus réaliste qu'idéaliste, plus ancrée dans le vécu terrestre que dans l'espérance céleste : « La libération doit mobiliser tout le projet de la vie chrétienne : la réflexion chrétienne, la célébration des mystères et du culte[41]. » Cette approche théologique visait à réagir face aux drames de

37. Ibid.
38. *Ibid.*, p. 465.
39. *Ibid.*, p. 474.
40. J.-M. ELA, *Repenser la théologie africaine*, p. 8.
41. Bédé UKWUIJE, « Existe-t-il une théologie politique en Afrique ? », *Laval Théologique et Philosophique*, vol. 63, 2007, p. 298.

la déshumanisation subie par les peuples d'Afrique à travers l'esclavage, la colonisation et même le néocolonialisme qui niaient l'humanité de l'homme noir. Il fallait faire en sorte que l'Église se préoccupe davantage de la société, en y insufflant un mouvement de libération vis-à-vis de toutes les forces d'oppression, qu'elles soient spirituelles, culturelles, économiques ou politiques. De ce fait, ce courant théologique militait en faveur d'une gouvernance démocratique cherchant à valoriser l'homme et à le faire sortir de sa misère sous quelque forme que ce soit.

Cependant, pour sortir des tiraillements qui existent entre inculturation et théologie de la libération, la Conférence des Églises de Toute l'Afrique (CETA) a promu un courant qui est davantage une synthèse des courants précédents qu'un nouveau courant théologique : la théologie de la reconstruction. Kä Mana, l'un des promoteurs de la théologie de la reconstruction pense que la crédibilité de la foi chrétienne en Afrique dépend de sa capacité à influencer positivement le processus de renaissance et de reconstruction des sociétés d'Afrique[42]. Il est question d'agir dans toutes les sphères de la vie : politique par une implication dans la lutte pour une véritable démocratie bénéfique pour le peuple, économique par des actions de production de richesse, et sociale par la promotion des valeurs comme la solidarité, le travail, la justice, etc. Ainsi, selon lui, quatre éléments devraient servir de base à une élaboration théologique de développement en Afrique : le principe de l'incarnation (être dans, être avec en vue de mieux servir) ; le principe de libération (le verbe s'est incarné pour nous libérer de tout ce qui nous brise, nous enchaîne) ; le principe de novation (créer une vie nouvelle) ; le principe de la remise en question (un rappel de nos limites humaines). Nous pensons qu'il serait difficile et irréaliste aujourd'hui de faire comme si l'Afrique n'existait pas dans un monde pluriel bouleversé en permanence par les avancées scientifiques et technologiques. Les théologiens africains militent en faveur d'une démocratie ou d'une gouvernance du peuple qui redonne aux Africains leur dignité humaine en revalorisant leur culture et en mettant l'accent sur leur participation au développement de leur nation respective.

2.4. Approche biblique de la démocratie

À partir de l'approche conceptuelle selon laquelle la démocratie est le gouvernement du peuple par et pour le peuple, nous allons interroger la Parole

---

42. Kä MANA, *Christ d'Afrique. Enjeux éthiques de la foi africaine en Jésus-Christ*, Paris/Yaoundé, Khartala/CETA/CLÉ/HAHO, 1994, p. 113-119.

de Dieu sur ce qu'elle pense de cette prise de position politique. Nous étudierons deux textes principalement : 1 Samuel 8 et Éphésiens 6.

Le texte de 1 Samuel 8 est digne d'intérêt pour notre réflexion, car il relate l'un des épisodes au cours duquel le peuple d'Israël s'était majoritairement prononcé sur sa gouvernance. Ce texte intervient dans un contexte de théocratie, exacerbé par les errements et désordres des fils du prophète Samuel, au point où les anciens du peuple durent prendre leur responsabilité et demander une autre forme de gouvernement. Ils firent clairement cette demande : « Voici, tu es vieux, et tes fils ne marchent point sur tes traces ; maintenant, établis sur nous un roi pour nous juger, comme il y en a chez toutes les nations » (1 S 8.5, LSG). Le terme *mehlek* traduit ici par roi désigne le souverain qui a l'autorité sur un royaume compris comme un territoire, ses ressources naturelles et ses habitants. Les anciens du peuple demandèrent clairement une monarchie pour être conformes aux pratiques des peuples de leur époque. Bien que cette demande ne plût pas au prophète qui envisageait toutes les implications qu'une telle orientation politique aurait sur le peuple, l'Éternel demanda à son prophète de faire ce qui suit : « Écoute la voix du peuple dans tout ce qu'il te dira ; car ce n'est pas toi qu'ils rejettent, c'est moi qu'ils rejettent, afin que je ne règne plus sur eux » (1 S 8.7, LSG). Nous notons ici l'usage du terme hébreu *qowl* qui signifie : voix, bruit, cri, crier, demander, bruit, tonnerre, son, publier, parole, prier, dire, bêlement, instances, murmure, faire retentir, rugissement, clameur, chanter, gémissements, tumulte, pleurs, entendre, pétillement. Ce terme vient d'une racine qui a le sens d'appeler à haute voix. L'Éternel par cet acte reconnut la volonté du peuple et y accéda. Il demanda toutefois au prophète de prévenir le peuple sur les droits du roi qui avait désormais autorité sur les biens matériels, fonciers et autres. Le terme hébreu *mishpat* traduit par droit dans notre Bible signifie aussi : jugement, justice, habitude, ordonnances, loi, le droit, règles, la cause, le modèle, règles établies. L'usage de ce terme vient préciser clairement que pour l'Éternel, la volonté du peuple doit aller de pair avec la justice et le respect des lois en vigueur. Il est question pour l'Éternel de mettre des contre-pouvoirs à la liberté du peuple de choisir clairement sa destinée, ses responsables et son mode de fonctionnement. Par la suite, on notera la confirmation de ce souci dans la répartition des tâches entre le roi chargé de gouverner et de gérer, les prophètes chargés d'annoncer la volonté de Dieu, et les lévites chargés du service dans le temple.

Cette notion de liberté et de contre-pouvoirs nous permet d'entamer l'étude d'un texte du Nouveau Testament où il est justement question de responsabilité et de respect mutuel. En effet, Éphésiens 6.1-6 présente un discours qui met ensemble des figures d'autorité et celles qui leur sont soumises, tout en recommandant un respect mutuel. Ainsi, dans les couples parents-enfants et maîtres-serviteurs, il est question d'une part de soumission ou d'obéissance et d'autre part, de respect dans le souci d'éviter l'irritation ou la frustration du « soumis », du subordonné ou de « l'inférieur ». L'objectif de ce texte semble se trouver dans le verset 9, qui justifie les exhortations adressées à tous les membres du peuple au sujet de leur collaboration et du vivre ensemble : « Et vous, maîtres, agissez de même à leur égard, et abstenez-vous de menaces, sachant que leur maître et le vôtre est dans les cieux, et que devant lui il n'y a point d'acception de personnes » (LSG). Ainsi, Dieu est le créateur et le maître de tous et c'est en son nom et pour sa gloire que chacun devrait assumer sa position sociale. Le terme grec *prosôpolèpsia* traduit ici par « acception de personnes » signifie aussi le défaut de celui qui est invité à donner un jugement en suivant les circonstances extérieures à l'homme et non pas selon les mérites intrinsèques ; celui qui préfère ainsi le riche, l'homme de haute naissance ou puissant, à un autre qui n'a pas ces qualités. Nous en comprenons que tous les hommes sont égaux devant Dieu.

La Parole de Dieu nous permet de mettre en évidence un certain nombre d'exigences pour l'expression de la volonté du peuple : l'expression libre de la volonté du peuple doit être prise en compte, dans le respect des lois en vigueur. Tous les hommes se doivent respect mutuel dans leurs différentes positions sociales en recherchant la gloire de Dieu.

3. Propositions de principes d'intervention des Églises dans les processus démocratiques en Afrique

L'exemple de l'intervention de l'Église au Bénin nous a permis de comprendre qu'il est possible que l'Église influence le déroulement d'une crise politique nationale. Dans le cas du Bénin, la présidence de la conférence nationale souveraine était assurée par un évêque catholique. Notons son habileté à associer toutes les parties dans cette discussion nationale ; la Bible, les prières et les jeûnes ont certainement joué sur l'alternance que nous constatons jusqu'aux dernières élections de 2016.

L'issue de la participation de l'Église au processus démocratique dans d'autres pays n'a pas connu les résultats escomptés, surtout lorsqu'elle a pris position contre un camp politique à tort ou à raison. La culture traditionnelle du pouvoir en Afrique privilégiant le consensus est une porte ouverte pour l'intervention de l'Église dans le jeu politique. L'Église y trouvera un cadre de débats, d'échanges, de remise en question et de réconciliation.

La question qui se pose est celle de savoir de quelle manière l'Église devrait participer au processus démocratique. Les textes bibliques étudiés nous ont permis de comprendre que Dieu a écouté la voix du peuple pour sa gouvernance politique en lui donnant des contre-pouvoirs au moyen des prêtres et des prophètes. La Bible recommande aussi le respect mutuel entre gouvernants et gouvernés. Dans cette même perspective, les réformateurs, ayant privilégié la régulation politique par des autorités légitimes, ont aussi ouvert la voie à une critique de leur gouvernance en se référant à la Bible. C'est dans ce cadre qu'il revient à l'Église d'intervenir dans le processus démocratique. Elle devra annoncer la Parole et dénoncer tout ce qui s'oppose aux valeurs qu'elle promeut. Pour y parvenir concrètement, il faudra :

- Préparer ses membres à assumer leur rôle de croyants avec responsabilité, intégrité et bienveillance, chacun à sa place de citoyen. Par des programmes d'enseignement et de prière, en invitant au besoin des spécialistes des questions économiques, sociales, politiques et autres, l'Église devrait permettre aux chrétiens de remettre en question la gouvernance de leur pays et de la mettre en dialogue avec la Bible. Les ministres du culte devraient eux-mêmes avoir l'ouverture d'esprit nécessaire pour dépasser les considérations politiques afin d'être capables d'encadrer toute personne qui serait placée sur leur chemin. Il serait utile de penser une catéchèse civique préparant les disciples de Christ à témoigner dans le monde du politique. Ce témoignage devrait concerner le simple citoyen, mais aussi le chrétien engagé dans la politique. Nous l'avons vu précédemment, les chrétiens ont influencé positivement ou négativement la marche de leur nation. Une bonne préparation de l'Église sera très utile.
- Encourager la réflexion et la concertation sur les questions d'actualité afin de faire entendre la voix de l'Évangile dans un monde pluriel.
- Accompagner les gouvernants par la prière et l'exhortation, qu'ils soient chrétiens ou non. Cet accompagnement consiste à rappeler la responsabilité de ceux qui dirigent devant Dieu, mais aussi la nécessité de leur accorder le respect et le soutien qui leur sont dus. Par le principe de la territorialité, les ministres du culte chrétien devraient se rapprocher des personnes en situation d'autorité qui sont dans les environs du lieu d'implantation de leur chapelle, pour les exhorter, les écouter et prier avec elles. Au niveau national, l'Église devrait organiser des activités de réflexion et de prière avec ceux qui exercent le pouvoir politique.
- En situation de crise politique, l'Église devrait se concerter et inviter au dialogue les acteurs politiques en évitant soigneusement d'exclure

quelque partie que ce soit. Il faudrait que l'Église mette en place des cadres de régulation du discours politique en favorisant les contacts permanents entre les protagonistes et l'expression de la volonté du peuple par des mises en dialogue avec la Bible.

Pour mener à bien cette entreprise, chaque dénomination chrétienne constituant l'Église en Afrique devrait avoir en son sein des structures de réflexion et d'action sociopolitique, capable de réaliser ce double exercice herméneutique dont nous avons parlé plus haut. Ces structures devraient aussi favoriser le dialogue entre confessions chrétiennes d'une part, et d'autre part avec les acteurs politiques ainsi que ceux de la société civile de manière permanente.

Conclusion

Nous sommes partis de la question de savoir quelles sont les implications pratiques et pastorales de l'intervention de l'Église pour une bonne expression de la démocratie selon la théologie chrétienne en Afrique. Parvenus au terme de notre étude, nous pouvons dire qu'après avoir exploré les sciences humaines et la théologie, la démocratie est compatible avec la foi chrétienne, à condition qu'elle s'exprime dans certaines conditions. Ces conditions peuvent se résumer en un nécessaire équilibre entre les pouvoirs en présence au sein du peuple, pouvoirs exercés dans une perspective de service mutuel pour le bien de tout le peuple, en question, tout cela dans le respect et la soumission à la volonté de Dieu telle, que contenue dans sa Parole. L'Église, qui a pour mission d'annoncer la Parole, devrait permettre à tous, gouvernants et gouvernés, d'agir pour un mieux-être de telle manière que le règne de Dieu soit manifeste. L'Église devrait susciter un éveil de conscience par une mise en dialogue de la Parole de Dieu avec l'actualité politique, afin de permettre que chacun puisse se sentir responsable devant Dieu d'assumer sa place dans la société. L'Église devrait aussi enseigner les valeurs que promeut l'Évangile afin d'influencer une transformation des comportements. Il lui revient aussi de convaincre ses contemporains de solliciter l'aide de Dieu pour la bonne marche du pays.

4

L'Église et l'avenir de la politique en Afrique

Afolabi Ghislain AGBEDE

Introduction

L'Église issue de la Réforme luthérienne du XVIe siècle se réjouit du 500e anniversaire de ce réveil spirituel historique. Il est important de maintenir sans compromis la *sola scriptura*, vérité cardinale chère aux réformateurs en milieu évangélique dans tous les domaines, y compris lors de notre implication dans l'avenir politique en Afrique. Au XXIe siècle, l'Église se voit fortement impliquée dans l'avenir politique en Afrique. Avec le vent des démocraties, les religieux ont été sollicités par les politiques et les politiciens pour diriger ces conférences nationales en Afrique.

> Dans les expériences africaines de ces trois dernières décennies, l'Église a d'abord été invitée, puis elle s'est elle-même invitée dans les processus électoraux et/ou de réconciliation nationale ou de pacification politique[1].

C'est donc à juste titre que nous nous interrogeons sur l'Église et l'avenir de la politique en Afrique aujourd'hui. Il s'avère donc nécessaire de s'interpeller sur comment l'Église d'Afrique d'aujourd'hui, celle du XXIe siècle, comprend la démocratie. Le but principal de cette réflexion est de voir comment, avec sa pensée théologique, l'Église d'aujourd'hui pourrait influencer et agir sur l'avenir

---

1. Ruben POHOR, Issiaka COULIBALY, sous dir., *Églises, Élections politiques et Développement en Afrique Contemporaine*, Fateac, Abidjan, 2016, p. 8.

de la démocratie, concept politique plus ou moins imposé et/ou réclamé par les peuples quelque peu manipulés par des puissances obscures. Il serait donc important d'avoir recours à l'histoire de la gestion politique dans les périodes de l'Ancien Testament, du Nouveau Testament, de la Réforme d'une part et d'autre part, en Afrique avant la longue nuit esclavagiste et coloniale et la période de la dépendance postcoloniale jusqu'à nos jours.

1. La politique dans le contexte biblique et l'influence de l'Église dans l'ère chrétienne

1.1. Le système politique dans l'Ancien Testament

Dans le mandat de la création en Genèse 1.26-28, il était déjà demandé à l'homme de gérer la cité, la société, le jardin d'Éden dans lequel le Seigneur l'a positionné. Dieu s'est donné un peuple en Abraham. Après ses longues pérégrinations, ce peuple s'est retrouvé en exil et en esclavage en Égypte pharaonique. Moïse, ayant grandi à la cour royale, a appris beaucoup de la gestion politique des pharaons en sa qualité de prince, avant de décider par la foi de s'engager pour son peuple. C'est à juste titre que l'auteur du livre des Hébreux dira que le conducteur Moïse a préféré l'humiliation du Christ à la gloire éphémère de l'Égypte (Hé 11.23-30). Leader, dirigeant et libérateur d'Israël de l'esclavage égyptien, il prépara Josué à prendre sa succession et à conduire le peuple à la conquête et au partage du territoire de Canaan. Sous la direction du Seigneur, les juges dirigeront le peuple, puis les prophètes l'interpelleront à marcher dans les voies du Seigneur. Ainsi donc, les juges et les prophètes soumettaient le peuple à la théocratie, au gouvernement de Dieu. C'est pourquoi,

> [...] une relation solide s'est établie entre Yahweh et le peuple d'Israël au cours de leur histoire, en particulier depuis la sortie d'Égypte jusqu'à leur établissement sur la Terre Promise : c'est Yahweh seul qui fut leur roi et lui seul dominait sur eux[2].

Israël, en rejetant la direction administrative et politique de Dieu, rejeta la théocratie et, en réclamant un roi (1 S 8.5) dans un esprit comparatif, un roi comme toutes les autres nations, Israël s'inscrivit dans la monarchie, la royauté de père en fils. N'est-ce pas à juste titre que Dieu attira l'attention du prophète

---

2.   Yacouba SANON, « L'ambiguïté de la royauté dans l'Ancien Testament comme problème politique : Enjeux Aujourd'hui », dans *Églises, Élections politiques et Développement en Afrique Contemporaine*, Fateac, Abidjan, 2016, p. 75.

et juge Samuel sur le fait que c'est Lui-même l'Éternel qui était rejeté, et non Samuel (1 S 8.7-9). Samuel était donc appelé par Dieu à comprendre que ce n'est pas le sacerdoce prophétique qui était rejeté mais plutôt la gouvernance divine, le commandement divin direct sur la nation choisie en Abraham, Isaac et Jacob, les piliers fondateurs de la nation juive. Saül, de la tribu de Benjamin, recevra l'onction pour être le premier roi d'Israël (1 S 9-10) ; mais il sera rejeté par l'Éternel qui portera son choix sur David (1 S 16) issu de la tribu de Juda, celui à qui la promesse sera faite d'avoir éternellement un représentant sur le trône. Le Messie, le Christ, viendra donc de sa lignée.

Les rapports des écrivains inspirés de la Bible sur les différents rois d'Israël et de Juda, dans les livres des Rois et des Chroniques, mettent en exergue le succès des rois qui se sont soumis au pouvoir du Dieu d'Israël (la théocratie) en marchant dans sa crainte. N'est-il pas écrit que Josaphat marcha dans les voies de son père Asa (1 R 22.41-43), qu'Ézéchias fit ce qui est juste aux yeux de l'Éternel comme son père David (2 R 18.1-7) et que Josias fit disparaître l'idolâtrie (2 R 23) ? Cependant, certains comme Manassé (2 R 21) et Achab (1 R 21) ont conduit le peuple dans la dérive. Ainsi, ceux qui ont préféré agir en dehors de l'Éternel ont subi les conséquences de leurs actes d'adoration d'autres dieux. Au nombre des missions du roi en sa qualité de berger du peuple établi par Dieu, se trouve justement celle de conduire le peuple à adorer le Créateur et non les créatures et de s'occuper du bien-être du peuple.

À cause du péché de Salomon, le royaume sera divisé et les deux royaumes, Israël et Juda, iront respectivement en déportation en Assyrie (722 av. J.-C.) et à Babylone (606, 597 et 586 av. J.-C.). Ainsi donc, le système de la monarchie s'arrêta. Le peuple était désormais sous domination. Les peuplades du royaume du Sud reviendront sous la conduite de Zorobabel en 538 av. J.-C., pour reconstruire le temple avec Esdras en 458/457 av. J.-C. et ramener le cœur du peuple à Dieu, puis Néhémie en 444 av. J.-C. pour s'occuper de la reconstruction des murailles. Après le silence de la période intertestamentaire, Jésus-Christ apparut dans un contexte de domination de l'empire romain sur le peuple élu en Abraham, colonisé et aspirant à un nouvel ordre, à un salut, à une espérance.

1.2. Relation Église-politique dans le Nouveau Testament et le début de l'ère chrétienne

L'empire Romain contrôlait le monde et détenait le pouvoir politique à l'avènement du Seigneur Jésus-Christ. L'empereur Auguste (63-19 av. J.-C.) ayant succédé à Jules César instaure la *pax romana*, un principe d'administration qui maintient la paix et entretient la prospérité dans tous les domaines de l'empire.

Ces réalisations ont permis aux Romains de se déplacer d'une région à l'autre beaucoup plus vite que leurs prédécesseurs (les Grecs 331-63)[3]. Dans le contexte de la nouvelle alliance, les débats politico-religieux portaient sur des sujets très sensibles et comportaient des pièges que le Christ durant son ministère put déjouer à maintes reprises, face à ses adversaires religieux, tels les pharisiens qui faisaient de la politique politicienne. On peut mettre en exergue l'impôt à César (Mc 12.13-17), la femme adultère (Jn 8.1-11), entre autres.

L'Église, produit de la Nouvelle Alliance, naîtra lors de l'effusion du Saint-Esprit, le jour de la Pentecôte où il y a eu plus de trois mille conversions. L'Église est le rassemblement des êtres humains faillibles, déformés par le péché originel au Jardin d'Éden, qui cherchent à être transformés par le Christ et qui se reconnaissent désormais comme temple du Saint-Esprit. C'est à juste titre que Karl Barth la comprend comme « la convocation du peuple de Dieu, de ce peuple créé par le Christ, sur la base de l'alliance établie entre Dieu et les hommes, de ce peuple de la foi suscitée par l'Esprit Saint[4] ». Le Christ est la tête de l'Église dont la temporalité se voit à travers sa constitution de matériaux humains physiques. Chaque être humain créé à l'image de Dieu a un temps limité à passer sur cette terre. L'Église a un caractère éternel en sa qualité d'épouse du Christ qui participera aux noces de l'Agneau.

L'Église primitive évolue dans un contexte politique très particulier, celui de la domination de Rome. L'apôtre Paul appelle alors les chrétiens à prier pour tous ceux qui sont en position d'autorité (1 Tm 2.1-7). Il convient de retenir que la prière devrait avoir un impact en milieu politique. Proverbes 21.1 ne nous enseigne-t-il pas que « le cœur du roi est un simple courant d'eau dans la main de l'Éternel : il l'oriente comme il le désire » (S21) ? Il y a eu la persécution de l'Église dès le premier siècle sous les empereurs comme Néron (54-68), Vespasien (69-79), Titus (79-81), Domitien (81-96). En l'an 64, les chrétiens subirent la persécution à Rome sous le règne du cruel empereur Néron. Cela poussa l'apôtre Pierre à écrire pour fortifier les chrétiens et les maintenir dans la foi (1 P 1.1-9). À partir de l'an 284, l'empereur Dioclétien officialisa la persécution contre les chrétiens. Ceux-ci refusaient d'adorer la statue de l'empereur. Les réunions chrétiennes étaient secrètes. Beaucoup ont payé de leur vie leur détermination à suivre le Seigneur. Les chrétiens avaient un code, le signe du poisson pour se retrouver : *Ichthus* (*Iesous Christos Theou Uios Sôter*). Il y avait également le signe de la croix. On pensait que les chrétiens étaient des rebelles politiquement

---

3. J. Packer et al., *Le monde du Nouveau Testament*, Vida, Miami, 1987, p. 62.
4. Karl Barth, *L'Église*, Labor et Fides, Genève, 1964, p. 40.

parlant. En effet, dire qu'il y a un sauveur, c'est se révolter tout simplement contre l'empereur. L'occupation politique voyait donc dans le christianisme un danger.

La conversion de l'empereur Constantin au christianisme en l'an 320 sera un grand tournant décisif. En effet, le christianisme devient dès lors la religion d'État. C'est un véritable revirement de situation à 180 degrés. À partir de l'an 337, l'Église est la seule autorité de tout l'empire. Ainsi, conformément à la nouvelle politique impériale, toutes les suspicions qui pesaient sur le christianisme disparurent. Les bâtiments des Églises furent restitués.

1.3. Relation Église-politique pendant la Réforme

La situation géopolitique en Europe fut grandement influencée par les conflits religieux des différentes nations. L'Espagne catholique qui était la puissance dominante au XVIᵉ siècle avec son immense empire colonial (siècle d'or espagnol) perdit son hégémonie face à deux nations protestantes : les Pays-Bas, l'Allemagne, l'Angleterre[5].

En 1525, il y eut la guerre des paysans en Allemagne. Les paysans voulaient donner une interprétation politique et sociale à la Réforme luthérienne, en profitant de celle-ci pour revendiquer des droits et se libérer du joug de la noblesse. Luther s'est désolidarisé des paysans et la révolte fut écrasée le 1ᵉʳ mai 1525. À partir de ce moment, la Réforme luthérienne reçut le soutien des princes de l'Allemagne. Luther n'avait pas voulu que son mouvement de Réforme soit exploité à des fins politiques. Néanmoins, les politiciens lui étaient reconnaissants de sa prise de position. Il fut déçu par les compréhensions sociale et politique que l'on donnait chaque fois à son message, au lieu de sa valeur spirituelle. Dès lors, Luther commença à réfléchir sur les rapports entre l'Église et l'État.

Au XVIIᵉ siècle, l'Europe entière se déchire au cours de la guerre de Trente ans. Le conflit s'achève avec le traité de Westphalie (1648) qui reconnaît les trois confessions, catholique, luthérienne et calviniste dans le Saint-Empire et qui remodèle les frontières de l'Europe pour de longues années[6].

Calvin était plus favorable à la République qu'aux autres formes de gouvernements. Il a mis sur pied un nouveau style de vie, un nouveau type

5. « Les réformes religieuses du XVIᵉ siècle », http://www.histoire-france.net/temps/reforme, page consultée le 25 mai 2022.
6. *Ibid.*

d'hommes caractérisés par le travail, la rigueur, la discipline et l'esprit entreprenant :

> L'influence du calvinisme et de la Réforme en général sur le mouvement des idées politiques a été indirecte, mais importante. La division religieuse entre les États va entraîner des conflits (guerres de religions, division de la chrétienté) et ébranler la politique et la stabilité des États. Ces faits vont développer des discussions, et tous ces troubles vont être un stimulant vigoureux pour la pensée politique[7].

Au XXe siècle, il est important de mentionner les actions du théologien-pasteur luthérien allemand antinazi, Dietrich Bonhoeffer (1906-1945), qui s'est opposé à la politique hitlérienne dans l'Allemagne nazie. Il fut donc arrêté en avril 1943 et emprisonné à Berlin en raison de ses activités politiques. Bonhoeffer a payé de sa vie son opposition à Adolf Hitler (1889-1945), le lundi 9 avril 1945, jour où il fut pendu. Les actes de Bonhoeffer et ses écrits continuent d'être une source d'inspiration pour l'Église du XXIe siècle aujourd'hui en Afrique. C'est l'occasion de s'appesantir sur la situation en Afrique avant, pendant et après les dépendances esclavagistes et coloniales et proposer des pistes de réflexion pouvant permettre à l'Église issue de la Réforme d'influencer et d'impacter l'avenir politique du continent noir au sud du Sahara au XXIe siècle.

2. L'Église et l'avenir politique en Afrique

2.1. Le système politique en Afrique

Depuis la nuit des temps, l'Afrique a connu la royauté, la monarchie faisant son chemin avant la conquête esclavagiste et coloniale de l'Occident. Les récits de l'histoire de l'Afrique rappellent à juste titre cette réalité :

> Vers les dixième et onzième siècles, certains Africains de l'ouest du Soudan avaient acquis un degré considérable de civilisation, en ce sens qu'ils possédaient des villes, des monarchies organisées et des administrations, et des systèmes sophistiqués de commerce et de fiscalité[8].

---

7.   http://www.histoiregeo.org/Partenaire/gobert/gobert_seizieme.html, page consultée le 11 novembre 2017.

8.   J. D. FAGE, *A History of West Africa : An Introductory Survey*, University Press, Cambridge, 1969, p. 4.

En Afrique, le commerce triangulaire laissera la place à la colonisation qui n'est qu'une modification du système de l'esclavage. Très tôt, après les illusions des indépendances, des régimes qui courtisent le système dictatorial verront le jour en Afrique, au milieu du XXᵉ siècle, quand les nouveaux dirigeants imiteront aveuglément le colon d'hier.

Notons qu'au lendemain des indépendances formelles, les pays nouvellement décolonisés se trouvent coincés entre les deux principales idéologies qui divisaient le monde en deux blocs : le bloc libéral mené par les États-Unis et le bloc communiste dirigé par l'URSS. Plusieurs pays vont se rapprocher du bloc soviétique tandis que certains resteront dans le giron occidental. Au fort de la guerre-froide (1947-1989), plusieurs deviendront membres du mouvement des non-alignés avec l'espoir de préserver une certaine indépendance.

Depuis la chute du bloc soviétique, la destruction du mur de Berlin dans la nuit du 9 novembre 1989, le discours de François Mitterrand à la Baule le 20 juin 1990 devant les chefs d'États africains réunis, et les conférences nationales inaugurées en Afrique par le Bénin à l'historique Hôtel PLM Alédjo de Cotonou du 20-28 février 1990, le concept de la démocratie est en vogue en Afrique. On note plusieurs variantes démocratiques d'un pays à l'autre en Afrique.

2.2. Interpellation de l'Église par les institutions politiques

On constate qu'après avoir échoué et conduit les pays dans le gouffre, les politiques et les politiciens font appel à l'Église dans son origine divine et sa nature humaine et dans sa double mission temporelle et éternelle. Il faut remarquer que les catholiques ont été beaucoup plus sollicités que les protestants et les évangéliques dans les crises sociales et dans l'organisation des conférences nationales :

> Au Bénin, le rôle de la hiérarchie catholique a été très déterminant dans la gestion de la crise sociopolitique du Bénin en 1989 et ce, grâce aux messages et lettres pastorales adressés aux fidèles et aux hommes de bonne volonté du pays[9].

En Afrique centrale, en République centrafricaine, feu Isaac Zokoué fut choisi pour conduire les travaux de la conférence de réconciliation nationale en 1998.

---

9. Séraphin NENE (bi) « Églises, élections politiques et développement en Afrique contemporaine : Enjeux et problèmes », dans *Églises, Élections politiques et Développement en Afrique Contemporaine*, Fateac, Abidjan, 2016, p. 115.

Il fut aussi le Président du dialogue national en 2003. Le 9 septembre 2003, il affirmait que :

> Par ce dialogue national, les Centrafricains doivent s'efforcer de bâtir ensemble le socle de l'unité nationale et se mobiliser dans un élan dont la finalité devrait être la réconciliation nationale véritable [...] Le dialogue national doit déboucher sur des mesures concrètes et applicables dont la mise en œuvre sera confiée à une structure de suivi[10].

2.3. La démocratie à la lumière de la Parole de Dieu

La démocratie se doit de passer par le tamis de la foi dans cette réflexion et dans cette recherche pour comprendre la participation de l'Église à l'avenir politique en Afrique. Comment l'Église, dans sa mission de faire connaître la volonté de Dieu sur terre afin que le nom de Dieu soit sanctifié et que son règne soit effectif sur la terre, pourrait-elle influencer l'avenir de la vie politique démocratique en Afrique au XXIe siècle ? Il est important de se plonger dans le miroir de l'Écriture, pour mettre en exergue les principes bibliques de la vérité en face du vote populaire et se demander si le concept relatif à la démocratie y est inclus. C'est l'occasion de s'interroger sur le système démocratique humain actuel du vote populaire majoritaire. Est-il réellement conforme à la Parole de Dieu ?

Le Pentateuque nous informe que le peuple demanda à Aaron de lui faire un dieu. Cette volonté majoritaire populaire n'était pas conforme à la volonté de Dieu (Ex 32.1-14). Douze espions ont été envoyés par Moïse, le libérateur du peuple d'Israël pour explorer le pays de Canaan (Nb 13). Dix d'entre eux, la majorité absolue, la majorité démocratique, se considérant comme des sauterelles, ont fait le rapport de la théologie de Satan, celle de l'impossibilité de la prise du pays. Seuls Josué et Caleb, dans leur minorité, ont proclamé le discours biblique conforme aux attentes et aux déclarations de Dieu. Pourrions-nous affirmer que Dieu fonctionne sur la base de la majorité, du système démocratique ? Dieu n'est-il pas plutôt du côté de la minorité qui détient la vérité et qui se voit ridiculiser par la majorité ? La majorité ne signifie pas toujours la volonté de Dieu pour son peuple.

Est-ce que Dieu est démocrate ? Est-ce la majorité qui accomplit la volonté parfaite et souveraine de Dieu ou la minorité ? La démocratie serait-elle un luxe

---

10. « Actes du dialogue national », disponible sur : http://www.sangonet.com/actu-snews/CSDN/DN/actdn.htm, page consultée le 11 novembre 2017.

aussi pour la foi chrétienne dont les principes ne sont ni acquis, ni applicables par la volonté populaire, celle de la majorité, mais par la cohésion interne du discours divin révélé dans la Parole de Dieu à travers les écrits des auteurs bibliques ? Est-ce que la voix du peuple est toujours la voix de Dieu qui, du reste, est insondable ? La démocratie est-elle biblique ? Voilà autant d'interrogations que suscite le défi de la position majoritaire qui est une caractéristique du système démocratique humain par rapport à la véracité biblique qui semble ne pas être une question de majorité, de vote démocratique, d'où la pertinence de la question relative à l'Église et son implication dans l'avenir politique en Afrique.

2.4. Rapport Église-État, une relation de méfiance

Depuis l'empereur Constantin au IVᵉ siècle de notre ère jusqu'à nos jours, la relation entre politique et religion a évolué en dents de scie, la frontière entre ces deux entités étant difficile à tracer.

> Ce que l'on constate dans le cours de l'histoire de l'Église et jusqu'à maintenant, c'est qu'il y a des moments où la politique domine la religion et lui dicte ses lois et vice versa. Le mariage religion-État évolue souvent en dents de scie. Jusqu'à aujourd'hui, on se demande si Constantin a réellement rendu service à l'Église. Il a plutôt contribué uniquement à un christianisme nominal et s'est servi de l'Église pour affirmer son pouvoir sans que les responsables ecclésiastiques de son temps ne se rendent compte de la manipulation dont ils étaient l'objet[11].

N'y a-t-il pas aujourd'hui exploitation, instrumentalisation et manipulation du religieux par certains hommes politiques ? Ne se font-ils pas passer pour des adorateurs de Dieu et beaucoup d'entre eux ne se convertissent-ils pas à diverses religions, voire à toutes les religions à l'approche des élections ? Pourquoi nous donnent-ils l'impression d'appartenir à toutes les religions et en même temps, à la révélation divine qu'est le christianisme ? Est-ce que l'aide de l'État est une œuvre philanthropique ou existe-il des attentes cachées ? Ne devrions-nous pas relire l'Histoire de l'Église avant d'accepter l'aide des politiques aux confessions religieuses ? Cela nous permettrait sûrement d'analyser les tenants et les aboutissants des liens qui unissaient la politique et la religion en vue de ne pas commettre les mêmes erreurs que nos prédécesseurs, nos aînés dans la foi

---

11. Afolabi Ghislain AGBEDE, *Le Millenium Transformationnel : L'Eschatologie Engagée pour la présence chrétienne dans la société*, Cotonou, Adonaï-Yireeh, 2016, p. 64.

et dans le service du Seigneur. Pour maintenir notre autonomie, pour pourvoir accomplir fidèlement notre mission et pour ne pas devenir l'instrument des hommes politiques, ne devrions-nous pas nous méfier un peu de la carotte que ces derniers nous tendent ? N'est-il pas nécessaire que nous, ministres de la Parole, soyons plus spirituellement éveillés et que nous fassions des observations à la lumière de la Parole, sur les réalités quotidiennes afin de développer une meilleure pastorale politique ?

L'Église doit être éveillée, les ministres de la Parole doivent se tenir sur la brèche pour ne pas se laisser endormir par le syncrétisme religieux de certains hommes politiques. La pastorale politique dans laquelle certains d'entre nous devraient s'impliquer davantage, doit amener les hommes politiques à connaître le seul et vrai Seigneur Jésus-Christ. Il semble qu'il y a trop de syncrétisme dans le comportement de certains hommes politiques. Dans ce contexte de méfiance, de rapports en dents de scie, de compréhension démocratique au service des intérêts, quelles peuvent donc être les missions de l'Église pour l'avenir politique en Afrique ? Il y a lieu de se demander comment la compréhension de la théologie pastorale pourra agir sur l'avenir politique en Afrique et dans quel sens.

2.5. Mission de l'Église et avenir de la politique

L'une des missions de l'Église, au-delà d'amener les hommes pécheurs à se réconcilier avec Dieu à travers l'œuvre de la croix de notre Seigneur Jésus-Christ, est de former les chrétiens qui vont influencer toutes les sphères de la société dans laquelle Dieu les a placés comme « sel et lumière » pour faire prévaloir le règne de Dieu sur la terre. Pour aider la société à préparer l'avenir, l'Église doit développer chez les chrétiens le sens de la planification et de la gestion comme notre Dieu Créateur. Il s'agira pour l'Église de tenir un discours holistique qui touchera tous les domaines de la société. Elle doit être présente sur le terrain, dans la société, avec des recommandations pratiques à mettre en exécution au lieu de se contenter uniquement du salut des âmes. Pour aider la société à agir sur l'avenir, dans son rôle de formateur et d'éducateur, l'Église contribuera à former des chrétiens patriotes, panafricanistes qui vont s'impliquer dans le développement de leurs nations et de l'Afrique. Ceci permettrait d'améliorer les conditions de vie en Afrique, de transformer les obstacles en opportunités pour le bien de tous. Devant l'indifférence générale des gouvernants, des politiques et des politiciens africains sur ce génocide silencieux dans la mer, la cloche de l'Église doit être mise en mouvement pour attirer l'attention des gouvernants sur leurs responsabilités et leurs rôles de bergers dans la nation. Aujourd'hui, nous devons nous interroger sur le phénomène de la « loterie visa » qui vide l'Afrique de ses compétences, une nouvelle saignée des ressources humaines, utiles pour le développement du continent, mais qui cherchent des lendemains meilleurs en Amérique. Où est l'espérance que l'Église d'Afrique offre aux filles et fils d'Afrique ? L'Église doit s'impliquer dans tous les domaines pouvant offrir cette espérance ici-bas tout en présentant l'éternité. C'est en agissant ainsi que la volonté parfaite de Dieu pourra s'accomplir sur cette terre, comme elle l'est au ciel où les vingt-quatre vieillards louent continuellement le Seigneur. L'implication et l'engagement du corps de Christ dans la société à tous les niveaux contribuera à ce que le nom de l'Éternel soit sanctifié et que son règne vienne dans toutes les sphères de la société, y compris la sphère politique. Ainsi donc, l'Église et les chrétiens se doivent de prendre conscience de leurs forces, de leurs rôles et de leurs missions de transformation totale dans la société et s'engager à assumer la tâche de « sel et lumière ».

L'Église en Afrique et les chrétiens africains sont appelés à prendre une part active dans l'arène politique afin d'y apporter les transformations nécessaires pour une Afrique plus libre et prospère.

> La tâche de l'éducation à la démocratie que peuvent assumer les églises consisterait donc à aider les populations à exercer leur liberté dans le choix des meilleurs candidats par rapport à la quête d'une société bonne et juste[12].

L'Église se doit de rappeler à l'État et aux décideurs à tous les niveaux leurs rôles et mission de berger dans la nation, dans la société. C'est pourquoi :

> [...] la mission prophétique de l'Église lui impose d'intervenir avant les élections en faveur du strict respect des règles constitutionnelles, légales et sociales du jeu électoral. L'Église, et avec elle le leader chrétien, doit pouvoir dire et rester du côté de la vérité ; sans se compromettre par crainte de représailles[13].

Il est donc important de prendre du recul par rapport au discours actuel et de repenser la science théologique et la théologie politique dans notre siècle présent.

---

12. Mathieu Ndomba, « Choix des autorités politiques. Bien commun et rôle des églises en temps d'élections », dans *Églises, Élections politiques et Développement en Afrique Contemporaine*, Fateac, Abidjan, 2016, p. 100.

13. Patrice Vahard, « Églises et élections politiques en Afrique contemporaine : S'engager pour le meilleur ou être complice du pire », dans *Églises, Élections politiques et Développement en Afrique Contemporaine*, Fateac, Abidjan, 2016, p. 150.

Prendre du recul par rapport au discours du XIXᵉ siècle

L'Église doit être vigilante sur la marche de la nation et peser sur le discours et la direction politique en Afrique. Il est temps de se départir des discours religieux influencés par l'eschatologie darbyste du futuriste qui a dominé les XIXᵉ et XXᵉ siècles, enseignant que la politique est pour le diable et que les chrétiens devraient se mettre à l'écart de la gestion de la société. Le discours eschatologique de l'Irlandais John Nelson Darby (1800-1882), de l'Assemblée de Frères, Plymouth Brethren, qui met l'accent sur l'attente de la réalisation de *Maranatha* a produit un effet de retrait des chrétiens de la société. Par conséquent, le discours de l'Église n'a été tout simplement qu'une préparation à l'attente de la réalisation de *Maranatha*.

> En s'accrochant seulement et uniquement depuis le XIXᵉ siècle à l'évangile du salut à cause d'une eschatologie darbyenne pessimiste, désespérante avec un pacifisme passif inopérant qui laisse tout à Dieu, les évangéliques ont été souvent absents dans les sphères de décision de la société, ils n'ont pas eu et nous n'en avons pas encore aujourd'hui de plate-forme fiable pour nous servir de l'Évangile pour faire face aux réalités du monde, pour répondre véritablement aux souffrances des hommes créés à l'image de Dieu, pour être la voix des sans voix, pour éteindre des feux sociaux [...] et la société nous reproche cela[14].

Réécrire à la lumière de la Parole de Dieu le discours évangélique au XXIᵉ siècle

Force nous est de constater que les chrétiens subissent les décisions politico-judiciaires dues à leur absence des sphères de décision. Il est donc temps, en nous interrogeant sur l'Église et l'avenir politique en Afrique, que nous motivions et propulsions l'Église à changer de fusil d'épaule, de discours et à se mirer dans la Parole de Dieu. En effet, la Parole de tout temps met l'accent sur la gestion de la société. Ainsi, l'Église pourra s'engager désormais à orienter l'avenir politique en Afrique, à laisser ses empreintes dans le milieu politique, à se mettre au service de Dieu et du prochain. La politique, conformément à la vision biblique, se voit dans la gestion saine de la cité, dans la recherche de l'intérêt supérieur de la nation. Dès le premier chapitre de la Bible, Dieu parle de politique (Gn 1.28). La Bible raconte l'histoire de beaucoup d'hommes politiques comme Joseph, Moïse, Néhémie, Esdras, Zorobabel pour ne citer que ceux-là. La politique conformément

---

14. A. G. Agbede, *Le Millenium Transformationnel*, p. 255.

à la vision humaine est la politique politicienne de l'intérêt personnel et égoïste, la domination et l'oppression du peuple, la confiscation du pouvoir.

> L'Église ne peut rester indifférente face à la vie de la nation, face à la déconfiture spirituelle, morale, sociale et économique que vivent nos sociétés. Elle doit marquer sa présence, sa place et son rôle dans la nation[15].

L'Église, dans le cadre de la théologie pastorale (pastorale politique et théologie politique), doit mettre sur pied des outils et des plates-formes pouvant permettre aux chrétiens de s'exercer en politique et de faire de la politique à tous les niveaux, mais une politique basée sur la crainte de Dieu, sur la vision de Dieu pour la société. Prier et agir sont les deux rails du train de la vie chrétienne sur terre en attendant *Maranatha*. Il est important de mettre en exergue l'œuvre de pastorale politique et de théologie politique qu'accomplit chaque année l'OPERAF (Opération Africaine) à Prétoria (Afrique du Sud), durant l'atelier de formation des pasteurs qui veulent agir sur le paysage politique dans leurs pays. C'est l'occasion de lancer un appel aux institutions de formation théologique, pour qu'elles intègrent le cours de théologie politique et de pastorale politique dans leur programme de formation. Il faut donc former les leaders spirituels, afin de les rendre capables de former à leur tour les leaders politiques.

En s'adressant au corps, à l'âme et à l'esprit, la théologie pastorale se doit de faire œuvre utile à travers la conscientisation des chrétiens à suivre les nombreux exemples bibliques d'hommes politiques dont nous parlent la Bible, et à étudier leurs stratégies. La prédication, l'enseignement et l'exhortation doivent motiver, encourager et propulser les chrétiens à prendre d'assaut la sphère politique, car l'avenir et l'orientation politique en Afrique dépendent essentiellement de la participation ou non des chrétiens à la gestion de la cité en Afrique.

Conclusion

Pour conclure, il faut se rendre compte qu'il est important aujourd'hui, au XXIe siècle, que l'Église reprenne sa mission d'interpellation des politiques à l'instar des prophètes. Ces derniers interpellaient courageusement les rois sur leur conduite, afin de les ramener constamment à s'aligner et à marcher sur la voie de Dieu. L'Église en tant qu'institution a donc un mot à dire dans l'avenir politique en Afrique, par la formation et la motivation de ses membres

---

15. Afolabi Ghislain, AGBEDE, « Le Député à l'Assemblée Nationale : Qui doit-il être ? » *Hwenusu* Vol 1/3, nº 3, mars, Cart, Cotonou, 2007, p. 15.

à s'engager dans la sphère politique, sans s'éloigner des directives divines. Le système démocratique en vigueur avec ses différentes connotations, d'un pays africain à un autre, sera analysé à la lumière de la Parole de Dieu, car la voix du peuple n'est pas forcément la voix de Dieu. Le vent des conférences nationales a d'ailleurs prouvé aux politiques l'important rôle que joue l'Église dans la nation. L'Église est donc appelée à peser sur les décisions démocratiques en Afrique en vue de sa transformation.

5

De l'indépendance au multipartisme et perspective biblique

BARKA Kamnadj

L'histoire de la politique en Afrique francophone est un sujet qui intéresse peu de gens sur le continent. Et pourtant, celui qui méconnaît l'histoire, dit-on, est condamné à la répéter, ou du moins répéter les erreurs du passé. L'histoire est éclairante et c'est peut-être l'un des plus grands problèmes des hommes politiques de ne pas en tenir compte. Ils ont tous un grand discours sur l'avenir mais tiennent peu compte du passé. Il y a comme une rupture entre les générations.

1. L'histoire

1.1. Système sociopolitique avant la colonisation

Tout pays africain actuel est l'aboutissement d'un long processus de migrations. En effet, chaque peuple est venu d'ailleurs et chaque ethnie avait son histoire et son système sociopolitique. Par exemple, le système du peuple Akan en Afrique de l'Ouest a transcendé le système colonial venu à la fin du XIXe siècle. Le chef Akan sait qu'il doit rendre compte à son peuple et que ce peuple peut le destituer à tout moment. Le Tchad actuel, pour prendre un autre exemple, est un carrefour de migrations. Il a au moins deux types de peuples qui cherchent à vivre ensemble dans l'harmonie : le peuple noir au sud et le peuple blanc au nord, les nomades éleveurs et les sédentaires cultivateurs, et enfin les peuples

83

attachés aux religions traditionnelles et les musulmans. Il a fallu tout un système sociopolitique pour que les Tchadiens vivent en harmonie. Dans d'autres pays, des alliances ont été conclues entre certains peuples, ils n'ont jamais eu de guerres. Ces peuples si différents ont des patrimoines culturels communs. À la tête d'un peuple, ou d'une ethnie, il y avait un patriarche qui veillait sur la vie de son peuple et qui assurait son bien-être. C'est dire qu'en Afrique, avant la colonisation, il y avait tout un système sociopolitique qui parfois reposait sur une philosophie, certes non écrite mais vécue et retransmise de génération en génération.

1.2. Après la colonisation

À l'avènement de la colonisation, et au nom de la « civilisation », ce système traditionnel a été perverti sinon détruit. Quelque peu désorientés, les Africains étaient contraints d'entrer dans « la modernité », dans un mode de vie et de pensée apporté par les colons depuis la conférence de Berlin en 1885. On ne s'étonne donc pas que le chef d'État dans un pays nouvellement indépendant ressemble souvent à un patriarche. Il régnait comme au village, il ne voulait pas d'opposants, il avait horreur de la grève, de toutes formes de contestation, il jetait l'anathème aux partis politiques. On raconte qu'un chef d'État africain au pouvoir depuis l'indépendance, voulait encore rester président pendant 20 ans : « J'ai encore beaucoup à faire pour mon peuple », a-t-il dit. Bref, il avait du mal à entrer dans la démocratie occidentale, celle qui prône les élections présidentielles au suffrage universel direct, imposées de l'extérieur. Comme un patriarche, il avait du mal à comprendre qu'il faut changer de chef tous les 5 ans, à la fin de chaque mandat !

1.3. Le régime militaire

La position du président-patriarche n'était pas du tout aisée. Il était entre le système moderne importé ou imposé de l'extérieur et le système traditionnel, à cheval entre la tradition et la modernité. Cette situation peu confortable donne l'occasion au plus fort d'intervenir. Ainsi, dans certains pays, le militaire le plus haut gradé prenait le pouvoir, peut-être à l'image du Général De Gaulle en 1958 quand la situation politique en France était critique à la fin de la IVe République.

Ainsi, la plupart des pays africains, surtout francophones, passaient de la république dirigée par un président-patriarche au régime militaire qui en fait se moquait de la démocratie à l'occidentale ! Deux exemples peuvent illustrer ce passage : le Zaïre (l'actuelle RDC) et l'empire centrafricain (l'actuelle RCA). C'étaient peut-être les régimes politiques les plus durs à supporter car les citoyens subissaient les caprices du chef, ce qui n'avait rien à voir avec la démocratie. Ils vivaient dans la peur. La guerre civile pouvait avoir lieu à tout moment. Au mois de février 1979 éclate une guerre civile à N'Djaména, faisant d'innombrables victimes. Voici l'extrait du témoignage d'un étudiant :

> [...] Je fus surpris par un mouvement de panique générale. Les élèves criaient. Ils couraient dans tous les sens. J'étais muet et inquiet. Visiblement quelque chose n'allait pas. J'eus juste le temps de démarrer ma mobylette qu'un grand bruit me secoua. Je fus jeté par terre. J'étais à présent enveloppé par un nuage de fumée épaisse et noire. Des coups de rafales et d'armes automatiques pleuvaient partout. J'étais en vérité pris entre deux feux ennemis. Là s'affrontaient les rebelles et l'armée régulière[1].

Cet étudiant a dû partir dans un pays d'Afrique de l'Ouest pour poursuivre ses études en toute quiétude. Malheureusement, ce cas n'est pas isolé. Il y a eu plusieurs guerres ou au moins des affrontements entre militaires et citoyens dans d'autres pays. Pire encore, certains régimes militaires étaient soutenus par l'un des blocs politiques, l'OTAN à l'ouest et la Pacte de Varsovie à l'est. Bref, la démocratie n'était pas à l'ordre du jour.

2. Le présent

2.1. La démocratie

La démocratie, telle que présentée maintenant, apparaît comme un système tout à fait étranger aux cultures africaines. Il y a alors trois attitudes que les politiciens africains adoptent : l'initiation, l'imitation et le rejet :

- L'initiation : certains considèrent la démocratie comme une chance pour l'Afrique d'entrer dans la culture dominante et alors de bénéficier de ses valeurs. Ils font donc l'effort de s'y initier. Ils sont applaudis par les Occidentaux.
- L'imitation : d'autres ne sont pas du tout convaincus du bien-fondé de la démocratie, mais pour plaire et surtout par intérêt, l'adoptent. Ils tiennent un discours démocratique sans y adhérer sincèrement. Dans les faits, ils font ce qui est contraire à la démocratie : ils falsifient les

---

1. Daniel Bourdanne, « Entre deux feux ennemis », dans *Le Communicateur* n° 23, septembre 1994, p. 9 et n° 24/25, mars 1995, p. 8.

résultats des élections, ils mettent en prison les opposants gênants, ils modifient à leur guise la constitution.

- Le rejet : d'autres encore s'opposent à la démocratie car ils sont très attachés aux valeurs traditionnelles, par exemple, à la terre héritée des ancêtres qu'ils sont obligés de partager avec d'autres. Les frontières coloniales sont artificielles, certains peuples se trouvent des deux côtés de la frontière. Le droit d'aînesse tend à disparaître. Or, dans une communauté africaine, l'aîné est le garant des valeurs morales. Il assure la sérénité et la paix dans la communauté. Certains peuples ne comprennent pas comment ils peuvent élire ou choisir comme président quelqu'un qu'ils n'ont jamais vu, qui est tout à fait étranger à leur communauté. D'autant qu'ils savent que seuls les gouvernants sont bénéficiaires de la démocratie.

2.2. Multipartisme dans le contexte politique d'aujourd'hui

Le multipartisme apparaît comme un cadre de vie acceptable aujourd'hui. Mais il n'est pas nécessairement l'expression de la démocratie, de l'idéologie du gouvernement du peuple et pour le peuple. C'est un système parmi tant d'autres, loin d'être parfait. Il convient ici de jeter un coup d'œil sur la vie politique du peuple d'Israël au temps de Jésus.

L'environnement social et politique en Israël au premier siècle était marqué par les partis religieux et politiques. D'aucuns avaient un impact certain sur les populations, c'est le cas des pharisiens, plus attachés à la tradition religieuse qu'à la Torah dont ils étaient fiers. Ils étaient radicaux dans leur position. D'autres étaient relativement modérés et plutôt rationalistes comme les Saducéens. Ils ne croyaient pas à la résurrection, une vérité pourtant présentée dans la Torah. D'autres encore étaient complaisants et soutenaient les occupants romains ; c'est le cas des Hérodiens. En soutenant le roi Hérode, ils acceptaient l'occupation romaine. Et enfin, les radicaux comme les zélotes auraient tout fait pour détruire le système politique dominé par les Romains. Certes, il y en avait d'autres comme les Esséniens, qui vivaient à l'écart de la vie sociale ; ils avaient ainsi peu d'impact sur les populations.

Jésus donne l'exemple d'un citoyen qui avait une mission précise de la part de Dieu dans une société caractérisée par la présence de nombreux partis, les uns étant religieux comme celui des pharisiens, les autres politiques comme celui des hérodiens. Il ne faut pas oublier que Jésus était parfaitement homme et vivait comme un Israélite. D'ailleurs, beaucoup voyaient en lui un Galiléen, le fils du charpentier vivant à Nazareth ; à la différence qu'il n'avait jamais péché et qu'il avait une mission à remplir, celle d'annoncer que le Royaume était proche et que les Juifs devaient se repentir. Dans ses débats avec les membres de ces partis très différents les uns des autres, relatés dans les Évangiles, il pouvait tenir tête à ces chefs religieux ou hommes politiques, qui parfois lui posaient des questions-pièges. Il ne cherchait pas à détruire le système, ou à se débarrasser du *statu quo*. Il ne proposait pas un système meilleur car son Royaume n'était pas de ce monde. Il ne prenait pas parti entre les hérodiens complaisants et les pharisiens traditionnalistes, concernant les impôts : « Rendez donc à l'empereur ce qui est à l'empereur et à Dieu ce qui est à Dieu » (Mt 22.21, S21). Mais il pouvait critiquer Hérode, l'homme qui jouait le jeu de l'empereur à Rome pour plaire aux occupants. Il l'appelait d'ailleurs le renard. Bref, Jésus transcendait le système sociopolitique de son temps et annonçait avec autorité et clarté son message : « Je ne suis pas venu appeler des justes, mais des pécheurs » (Mc 2.17, LSG).

Les chrétiens peuvent bien vivre dans un système sans se laisser piéger ou paralyser par lui. Ils peuvent et doivent accomplir leur mission : annoncer la Bonne Nouvelle, communiquer les valeurs éthiques pour que les citoyens vivent mieux, en attendant le Royaume, et servir les hommes autour d'eux, soit par l'Église comme institution, ou comme croyants dans leurs milieux comme sel de la terre et lumière du monde. Ils ne perdent pas leur temps à critiquer le système, à interpréter les déclarations et les positions des hommes politiques. Ils s'attachent à leur mission, et comptent sur Dieu pour les résultats.

3. Alternative

On peut proposer une alternative qui conduirait nos pays en Afrique à la stabilité, la sérénité et favoriserait un environnement propice au développement économique et à l'épanouissement de l'homme.

La bonne gouvernance

Il faut donc se référer à la conférence de la Baule en 1990, dirigée par le président français d'alors dans le contexte de la « France-Afrique ». Les participants à cette conférence se rendaient bien compte que la voie vers la démocratie s'avérait plus longue et plus difficile d'accès que l'on ne pouvait imaginer. En 1996, s'est tenue à Ouagadougou une autre conférence qu'on peut considérer comme historique et qui avait comme thème « Bonne gouvernance et développement ». Deux présidents participant à cette conférence donnèrent leur avis sur la bonne gouvernance : Le président burkinabè a dit : « La bonne gouvernance doit être pour nous un moyen et un objectif de développement, garantissant la pleine participation de tous au développement national[2] » ; et le président français de l'époque ajoutait :

> La bonne gouvernance poursuit un idéal de dignité et de progrès. Elle contribue à la satisfaction des besoins vitaux des populations. Elle concourt à la promotion et au mieux-être des hommes et des femmes, en ayant pour vocation d'assurer à tous éducation, travail, soins et protection sociale. Elle permet une juste répartition des richesses nationales. Elle permet à l'initiative de se développer et de s'épanouir[3].

Les grandes puissances qui avaient proposé aux pays africains des réformes structurelles comme moyen d'accès au développement, étaient donc pour la bonne gouvernance. Les participants à ces conférences n'ont renoncé ni à la démocratie ni à l'ajustement structurel mais proposaient la bonne gouvernance comme préalable à tout développement. « Gouverner c'est prévoir », dit-on. D'après un adage africain, « Diriger est très difficile. Il suffit d'un bâton pour un troupeau de moutons tandis qu'il faudra un bâton pour chaque personne dirigée ». La gouvernance peut être comprise comme la philosophie et la pratique qui visent à améliorer le bien-être des citoyens, c'est-à-dire satisfaire à leurs besoins légitimes. Elle requiert une bonne expertise en matière de gestion des biens et des hommes, une loyauté envers les institutions, et la droiture en toutes situations. Elle vise l'efficacité et cherche à préserver la dignité de l'homme, quelles que soient les difficultés qu'il rencontre. On peut interpréter la pensée de la Baule comme suit : oui à la démocratie mais la bonne gouvernance d'abord. Malheureusement, la plupart des dirigeants en Afrique naviguent à vue et ainsi ne peuvent assurer la bonne gouvernance.

Multipartisme

Aux différentes conférences nationales depuis l'année 1991, le multipartisme est considéré comme un cadre qui favorisera la liberté d'initiative, d'opinion et d'expression, et qui permettra l'alternance politique. Un nouveau langage est né, mais dans la pratique il y a eu peu de changement car les valeurs prônées par ces conférences n'ont jamais vu le jour dans la société et encore moins en milieu politique. En fait, il y a plutôt eu des irrégularités dans les élections, modification de la constitution et absence de liberté d'opinion, car ceux qui expriment

---

2. *Jeune Afrique Économique*, n° 231, 1996, p. 12.
3. *Ibid.*, p. 14.

librement leurs idées sont mis en prison ou partent en exil. Le chef a tendance à élaborer la constitution sur mesure. Dans beaucoup de cas, le multipartisme est mal géré.

Multipartisme et perspective biblique

Il y a une vérité fondamentale que l'on ne peut ignorer : l'homme est une créature de Dieu (Gn 1.26) et de ce fait doit se référer à lui, et surtout dépendre de lui. La première page de la Bible dans le contexte de la création, parle du mandat de gestion de l'Homme qui est créé à l'image de Dieu. Dieu dit : « Soumettez les poissons de la mer, les oiseaux du ciel, et toute bête qui remue sur la terre ! [...] Voici je vous donne toute herbe qui porte sa semence sur toute la surface de la terre... » (Gn 1.28-29, TOB). L'homme comme interlocuteur de Dieu et surtout comme son assistant – car il est créé à son image – a pour vocation première la gestion correcte des éléments de la création et de l'environnement. Ce mandat s'articule bien avec la bonne gouvernance. Malheureusement, un événement est survenu dans la vie de l'homme : l'intrusion du péché avec toutes ses conséquences irréversibles (Gn 3). Dès lors, l'homme ne pouvait plus gérer la création selon la perspective de Dieu. Depuis l'événement triste de Genèse 3, le mandat de gestion est marqué par l'égoïsme sous diverses formes : corruption, meurtre, haine et mépris de l'autre sous forme de racisme et de traite d'esclaves, de terrorisme et de violence au nom de la religion. Le péché, à cause de ses conséquences, est scandaleux.

Heureusement, le Dieu créateur qui était satisfait des œuvres de ses mains, la création, est intervenu par son fils Jésus-Christ, le Rédempteur qui a fait de l'homme spirituellement détruit par le péché un homme nouveau. Dans la perspective biblique, l'homme, en particulier l'homme politique, est invité à connaître Dieu et à vivre comme une nouvelle créature (2 Co 5.17), une vie de bonheur comme à Éden avant l'intrusion du péché.

Le chrétien est dans le monde sans être du monde (Jn 17.16-19). Il peut donc utiliser le système créé dans le monde pour s'épanouir et aider son prochain à s'épanouir. Le multipartisme est l'un des systèmes à la mode dans notre monde actuel. Certes, il est venu d'ailleurs comme un produit importé, mais il peut favoriser la liberté d'expression et d'opinion, le dialogue entre protagonistes dans une situation politique donnée, le respect de l'autre. C'est bien malheureux que l'homme de l'ère numérique n'ait pas d'interlocuteur. Il se parle à lui-même ou parle à sa machine. Le multipartisme suppose que c'est dans des débats contradictoires que la société peut progresser, aller vers les aspirations légitimes des citoyens, vers le développement non seulement économique mais de tout l'être, corps et âme.

Certes, dans la plupart des cas, le multipartisme apparaît comme un cadre de mensonge, de manipulation de la constitution ou de corruption. Les gouvernants veulent rester indéfiniment au pouvoir grâce au multipartisme. Les opposants sont légalistes et se disent démocrates mais une fois arrivés au pouvoir, ils modifient la constitution. Un écrivain disait que seule la grammaire est juste dans un discours politique. Mais l'Évangile qui est une puissance de Dieu (Rm 1.16), peut aider en faisant du multipartisme un instrument de bonheur et de réalisation de l'homme. Il fait connaître Dieu et transforme l'homme dans la perspective de Dieu. Et comment ?

L'évangélisation

L'évangélisation est la priorité dans la perspective de Dieu. Il s'agit d'annoncer Jésus-Christ qui transforme l'homme de l'intérieur et fait de lui une nouvelle créature, ayant un mode de vie qui plaît à Dieu, une pensée conforme à la volonté de Dieu et un amour pour son prochain. Mais tous les hommes ne deviendront pas enfants de Dieu, car tous ne seront pas ouverts à cette œuvre de transformation que Dieu seul peut opérer.

La gestion de la création

La gestion de la création est aussi dans la perspective de Dieu. Il s'agit d'abord de communiquer les valeurs éthiques à tous les hommes pour qu'ils se conduisent bien les uns envers les autres et que par conséquent, il fasse bon vivre dans la société des hommes, par exemple, à travers un système politique comme le multipartisme, sachant qu'aucun système n'est parfait. Il y a un lien entre l'évangélisation et la gestion de la création. L'homme transformé par l'Évangile pourra être un agent compétent dans la transformation de la société. Certes, la société ne pourra pas revenir à la situation d'avant le drame d'Éden pour vivre comme au paradis, mais elle pourra devenir un environnement où il fait bon vivre. C'est dans ce sens que l'homme a la nostalgie du paradis perdu. Il œuvre pour revivre dans ce paradis.

Conclusion

L'Église comme communion des saints, de ceux qui croient en Jésus-Christ, est le premier acteur dans la perspective de Dieu. Elle est dans le monde mais elle n'est pas du monde. Elle parle et agit comme église locale, dénomination, synode ou fédération d'églises. Elle apporte sa contribution à l'amélioration du bien-être de l'homme en participant aux débats dans les conférences nationales, ou en apportant le message de Dieu à la société en difficulté. Par exemple, quand le problème de terre et de titres fonciers se posait au Tchad, lorsque les nomades voulaient s'approprier des terres appartenant aux sédentaires, la conférence épiscopale du Tchad adressa un message à la société en 2011 en 21 points, comme message de Noël. Les conflits entre sédentaires et nomades se posaient avec acuité et menaçaient la paix[4]. Sous d'autres cieux en Afrique, des responsables d'Église ont officiellement et activement participé aux conférences nationales.

Chaque chrétien est également acteur dans la perspective de Dieu. Il est citoyen de son pays mais aussi citoyen du Royaume. Il a dès lors la vocation d'apporter l'Évangile et de gérer la société avec d'autres citoyens. Faut-il rappeler qu'il y a toujours eu des chrétiens dans les gouvernements et les assemblées nationales. Il y a de hauts cadres chrétiens dans divers milieux tels que l'éducation nationale, la santé publique, les sociétés privées qui assurent le développement économique du pays. Ils sont médecins, enseignants, techniciens, agents commerciaux, etc.

---

4. J-C. Bouchard et al., « Message de Noël. Paix sur la terre », *Conférence épiscopale du Tchad* (Cet), N'Djamena, 2011, p. 3.

6

Pour un engagement politique chrétien en Afrique

Oliva RAZAKA

Si l'on tient compte des différentes théories et hypothèses, l'Afrique, parmi les cinq continents, demeure le berceau de l'humanité. L'Afrique remporte aussi la palme pour être citée dans la Bible dès l'Ancien Testament, à travers des régions et nations lui appartenant, à l'instar des anciennes Égypte, Éthiopie, Lybie… Par ailleurs, dans la Nouvelle Alliance, l'hypothèse avancée par plusieurs chercheurs stipule que l'individu réquisitionné par les soldats romains pour aider le Christ à porter sa croix vers le lieu de crucifixion, Simon le Cyrénéen, est un Africain mélanoderme. Ce premier saint africain serait originaire de Cyrène, une ville de l'actuelle Lybie. Ce n'est certes point une triste honte pour l'Afrique ! Au contraire, c'est une glorieuse fierté pour le continent tout entier.

Par ailleurs, traversée par les deux Tropiques et l'Équateur, l'Afrique est un immense espace « arc-en-ciel ». L'émission radiophonique intitulée « Couleurs tropicales » présentée par Claudy Siar, de Radio France Internationale, fait ressortir la richesse des diversités culturelles de tous les pays africains, qu'ils soient continentaux ou insulaires. Aussi jugeons-nous[1] utile de signaler que, paradoxalement au classement positionnant l'Afrique comme le plus pauvre des

---

1. Le rédacteur de ce chapitre est un ancien syndicaliste et militant de parti d'extrême gauche de Madagascar. Il s'est converti dans le sacerdoce du Réveil spirituel, tandis que le parti a basculé dans le camp de l'International Libéral. Il s'adresse plus particulièrement aux jeunes cadres et intellectuels africains, entre autres chrétiens ayant été attirés par le militantisme au sein de quelque parti politique et/ou syndicat que ce soit de gauche, de droite ou du centre. Il dédie ce chapitre spécialement à ces frères et sœurs. Géographe de formation et journaliste de profession, il propose une rédaction suivant son propre point de vue insufflé par le Saint-Esprit.

cinq continents, elle est riche en ressources naturelles, et surtout en ressources humaines à travers son important accroissement démographique donnant naissance à une population jeune par rapport à celle du vieux continent européen.

Bien qu'ayant constitué une grande partie du Gondwana selon la notion de dérive des continents, l'Afrique est de nos jours un agglomérat de jeunes États, dont la majorité ont acquis leur indépendance durant la seconde moitié du XXe siècle. Peu nombreux sont ceux qui ont conservé la monarchie après la décolonisation. La plupart ont opté pour la valeur républicaine, y compris le Libéria, pays restauré par d'anciens esclaves libérés des États-Unis d'Amérique. Ces derniers y ont calqué la Constitution américaine de 1847. Sur le plan religieux, on peut affirmer que le christianisme a fait un bond non négligeable en Afrique, bien que la quasi-totalité du continent ait été ratissée systématiquement par les propagateurs de l'islam bien avant le Xe siècle.

Depuis le XVIIe siècle, aventuriers, commerçants, navigateurs et conquérants ont sillonné les littoraux africains, puis quadrillé le socle continental. La rencontre impromptue au Soudan du Général français Marchand et du Maréchal britannique Kitchener qui a donné naissance au syndrome de Fachoda, comme la conquête du haut Nil en 1898 le confirme (Dictionnaire Le Petit Robert des noms propres 1995). De leur côté, les pionniers évangélisateurs envoyés par les différentes missions européennes ne se sont établis progressivement à travers le continent que vers le XIXe siècle, peu avant l'arrivée des colonisateurs. Ceux qui s'opposaient alors aux évangélisateurs se disaient que la stratégie des missionnaires se résumait ainsi : « La Bible d'abord, le fusil ensuite. »

La problématique dégagée peut être ainsi formulée : dans quelle mesure la foi et l'engagement pourraient-ils avoir des relations dialectiques ? En d'autres termes, quel lien peut-on établir entre foi et engagement politique ? L'hypothèse suivante pourrait nous apporter plus d'éclaircissement : l'engagement est une forme pratique de la foi, foi en tant que praxis orientée vers un but. Foi et engagement procèdent d'une problématique existentielle centrée sur le « moi » par rapport aux autres. Il n'y a pas d'engagement sans foi et la foi doit se manifester par un engagement. Foi et engagement procèdent de la grâce, car tous les deux sont dons : don de soi à l'autre, pour l'autre, une communion avec l'autre, presque comme une eucharistie ; mais aussi dons divins. Quatre axes constitueront successivement l'objet de notre étude :

- Le nécessaire engagement dans la société ;
- L'engagement de Dieu pour Israël : un repère ;
- Savoir tirer profit du temps, temps favorables pour le chrétien ;
- Exemple d'un chrétien engagé : Rainisoalambo.

À partir de là, nous ébaucherons quelques enseignements à retenir pour l'éveil des consciences impliquant l'engagement politique des chrétiens en Afrique.

1. Le nécessaire engagement dans la société

Comment se présentent en général les réalités dans les sociétés africaines ? Le chrétien fait face au mal-être généralisé sur le continent africain. Il s'agit de sociétés pleines de violence, de contradiction et d'injustice. Elles sont en crise permanente malgré le pluralisme religieux et la prolifération des nouvelles dénominations. Elles font face à la corruption et à la division politique et idéologique. L'Organisation de l'Unité Africaine (OUA) devenue Union Africaine (UA) est toujours là depuis 1963. Le relent de l'acculturation, pur produit de la colonisation, persiste à faire transparaître son empreinte au sein du microcosme de la petite bourgeoisie. Devant de telles réalités, l'engagement des chrétiens est plus que nécessaire.

Les Africains qui ont la foi pourraient-ils effectuer un engagement social ? Dans quelles mesures un tel engagement est-il utile ? La démocratie, sous toutes ses formes, a rencontré des difficultés en Afrique, que ce soit dans les pays qui ont opté pour la valeur républicaine ou à travers les quelques pays qui ont conservé la monarchie. Généralement, les nations africaines, après avoir obtenu leur indépendance respective, ont vécu la démocratie avec peine. Les règlements des différends ne se sont pas déroulés sans heurts. Certes, il existe des nuances entre les anciennes colonies britanniques et celles d'expression latine, mais il y a aussi des différences entre les pays islamisés et les pays dans lesquels le christianisme est mieux implanté. Si le temps de l'apartheid est révolu en Afrique du Sud, la dignité humaine est bafouée dans certains cas. Les Pygmées subissent des discriminations en RDC, comme dans d'autres pays et sont considérés comme quantité négligeable. Même s'il ne s'agit que d'une minorité de population, la démocratie ne pourrait-elle pas aussi signifier respect de la minorité ?

L'objectif de l'engagement des chrétiens est d'apporter des transformations positives. Ce sont des chrétiens animés de foi, ayant une conduite éthique et aptes à observer et à respecter la valeur républicaine qui, généralement va de pair avec la démocratie.

Malgré la propagation d'autres religions sur le territoire africain, notamment l'islam et les religions traditionnelles, le christianisme occupe une place importante en Afrique et compte des chrétiens fervents. Les anciens évangélisateurs ont pu pénétrer dans les lieux les plus enclavés et ont formé des éléments pour la relève. Les missionnaires des différentes dénominations ne se sont pas contentés d'édifier des églises et des temples. Ils ont pu convertir bon nombre de gens au christianisme grâce aux enseignements et doctrines qu'ils ont prêchés. Beaucoup de théologiens de renommée mondiale sont des fils de l'Afrique depuis le XIXᵉ siècle jusqu'à nos jours. Aussi, plusieurs chrétiens sont intégrés dans la société et y jouent des rôles importants tant dans le macrocosme économique que politique. Ceci s'avère important, car il faut participer pleinement à la vie politique pour pouvoir transformer la société. Mais quel type de politique ou de stratégie politique faudra-t-il adopter ? Dans quelle mesure le politique peut et doit être chrétien ? Le politique étant celui qui est à la recherche de la meilleure organisation de la vie pour la cité. Il est évident qu'il y a toujours une convergence entre le simple pratiquant et le chrétien qui veut engager un certain nombre d'individus par une conduite modèle. Dans ce cas-là, l'objectif du politique devrait converger vers celui du chrétien. Ainsi, il n'est plus nécessaire de montrer l'engagement du chrétien dans la société, parce que c'est une démarche forcément incontournable. Le chrétien engagé doit être crédible, sensé, vigilant et avoir l'humilité d'être évalué. Ces quatre qualités qu'on peut qualifier de techniques forment en quelque sorte les exigences divines pour le profil du chrétien engagé et crédible, car Dieu, en lui attribuant le pouvoir dont il aura la charge, lui fait confiance de rendre compte au Seigneur de son utilisation, avec les talents et les dons de grâce à sa disposition. Sensé, car c'est une personne préparée à servir l'État et consciente des conséquences de ses actes. Et vigilant, comme la Bible le recommande. Le chrétien engagé doit être prêt à tout moment et ne doit en aucun cas être surpris et dépassé par les événements. Enfin, le chrétien engagé accepte d'être évalué et ne redoute aucun jugement sur sa gouvernance.

De ce qui précède, la politique idéale que doit adopter tout chrétien pour un engagement politique est de se référer à la manière dont le Seigneur a dirigé le peuple d'Israël. Le principe divin n'est pas compliqué. Il a doté les fils d'Israël d'une faculté de discernement. Il leur a prescrit le « bien » qui les fait vivre, qui les rendra heureux. Il leur a indiqué le « mal » qui les emmènera directement à la mort, à leur perdition.

2. L'engagement de Dieu pour Israël : un repère

Au moment où Dieu s'est engagé politiquement à élire les Israélites et à conclure une alliance avec eux, Il a déclaré qu'il garantira leur intégrité par le biais de ce « bien », et qu'ils n'auront qu'à obéir aux instructions divines. Le récit biblique fait transparaître la paix et le bonheur du peuple d'Israël quand celui-ci observe les grandes lignes de la politique divine. Aucun de ses ennemis n'est capable de l'attaquer. En revanche, en cas d'inobservance des consignes dictées par la politique divine, les Israélites dévient du chemin de la vérité et commettent des « dérives protocolaires », à tel point que leurs ennemis ont raison d'eux. D'ailleurs, sans les abandonner définitivement, Dieu laisse tous les malheurs tomber sur eux.

On pourra ainsi en déduire que la politique idéale pour l'engagement du chrétien, c'est de faire régner le « bien », c'est-à-dire la justice, l'équité, l'impartialité, la légalité et la légitimité au niveau du pays et de la nation. En outre, il faut éviter à tout prix tout acte, ou toute chose, qui pourrait compromettre le « bien » et mettre en péril la vérité. Ceci attriste Dieu et provoque sa colère ; ce n'est pas sans conséquences. Rappelons que les fils d'Israël avaient bel et bien respecté la justice et la sainteté de Dieu cochées dans la « feuille de route » que Dieu leur a imposée quand ils étaient encore isolés du reste du monde. Mais de gros problèmes ont surgi lorsqu'ils se sont peu à peu ouverts aux autres nations et ont tissé des relations avec celles-ci dont les peuples ne sont ni Israélites, ni Juifs (ni chrétiens de nos jours).

Ces nations qui ne connaissent rien des instructions de l'Éternel ont pu faire pénétrer parmi les Israélites leurs mauvaises mœurs et leurs pires mentalités. Les modèles politiques en provenance de l'extérieur ont été installés chez le peuple d'Israël, telles la dictature et les oppressions diverses envers le peuple. Le modèle de gouvernance baptisé « Idéal davidique », instauré par le grand roi David, est tombé dans les oubliettes pour devenir cendres de l'Histoire. Pis encore, ce sont des descendants de ce roi qui l'ont bafoué et piétiné. Les auteurs du livre du Deutéronome les qualifient des plus mauvais. Ils étaient légion notamment dans le royaume de Juda au nord, à l'instar de Jéroboam I, Akhaz, Manassé, etc. Ces différents dérapages politiques consignés dans la Bible doivent être pris en compte par le chrétien qui a accepté la vocation divine l'invitant à souscrire à un engagement politique. Si le style de bonne gouvernance gravé dans l'idéal davidique a complètement disparu dans les annales de ses descendants, la sagesse du roi Salomon, premier successeur de David, ne tombera jamais en désuétude. Cette sagesse inclut tout ce dont le chrétien engagé politiquement aura besoin dans l'exercice de ses fonctions. Elle consiste à se tourner vers le Seigneur pour lui demander directement les règles à suivre pour réaliser des activités politiques ; et tous les projets destinés à faire prospérer la vie de la nation et à épanouir le peuple.

Par conséquent, on peut dire sans hésiter que la Bible est le guide du chrétien en matière politique. Tous les partis politiques ont leurs statuts et idéologies respectifs aux fins d'atteindre leurs objectifs, qui consistent à gouverner le pays et administrer le peuple. Chaque parti qui arrive à tenir les rênes du pouvoir inculque sa propre ligne politique au peuple. Tous les chrétiens du pays font partie de ce peuple. Le problème, c'est que les chrétiens commis à la direction de l'État manifestent une attitude plutôt négative, ils sont souvent de mauvaise foi. Parfois, ils se laissent tenter par les dérives, déviations et fraudes commises par les tenants du pouvoir. À vrai dire, tout décideur doit se référer à la Bible. En agissant ainsi, il n'y aura pas de projet d'instaurer une république chrétienne. Le chrétien engagé se réfère à la Bible pour s'armer de l'idéal politique divin avec lequel le Seigneur a appliqué la théocratie en Palestine. De ce fait, il saura de façon séante, laquelle des lignes politiques des divers partis en lice pour le pouvoir lui convient, conformément à la politique divine. Il exhortera et encouragera les autres chrétiens à s'impliquer dans tel ou tel parti, pour que ces derniers puissent renforcer à leur tour l'engagement politique chrétien, tout comme il n'y a aucun mal à se partager le meilleur. Le chrétien doit toujours agir à partir de sa propre conviction et foi. Toutes les actions qu'il entreprendra doivent être conformes à la volonté de Dieu, qui est saint et juste, seul détenteur de la vérité et de la droiture, et qui respecte l'homme. Ainsi, tout engagement entrepris en dehors de la Bible comme feuille de route connaîtra nécessairement une déviation et sera voué à l'échec. La déviation entraînant un éloignement de la Bible, correspond à un abîme politique.

Parler de société n'est pas seulement l'apanage du seul politique. La société englobe tout ce qui concerne les activités anthropiques, la notion de vivre ensemble, coexister, cohabiter dans un même endroit dans la convivialité et la fraternité. En un mot, la vie sociétale concerne toute la société. Il en est de même pour les activités économiques liées en amont et en aval à la production artisanale et industrielle, à l'exploitation agricole, minière et halieutique. Citons les activités sportives et artistiques, l'enseignement et l'éducation, le côté moral dans la société et le spirituel qui touche directement la foi, la religion. Un proverbe malgache stipule : « *Ny fanahy no maha olona* » qui se traduit littéralement : c'est l'esprit qui fait l'homme. Personne n'est mieux placé que le chrétien pour le comprendre et le vivre. Son engagement est plus que nécessaire, car il s'agit d'instaurer une société où règnent prospérité, convivialité et paix, pleine d'équité et loin du désordre, de la violence et de la pauvreté. La bonne gouvernance ne devra pas rester un vain mot ou un simple slogan. Une meilleure gestion et répartition des ressources naturelles (agricoles, minières, halieutiques…) est indéniablement conforme à la volonté divine. Une politique ayant pour objectif le développement humain, assortie de projets visant l'épanouissement de tous les êtres humains, n'est pas en contradiction avec les enseignements du Seigneur Jésus-Christ. Par voie de conséquence, si le chrétien reste les bras ballants devant de telles évidences, l'Afrique peinera à décoller. Elle ne cessera de rétrograder et décliner. Néanmoins, ce n'est pas tout pour le chrétien de s'engager. La bonne gouvernance est donc nécessaire mais pas suffisante. Il s'efforcera à devenir le leader pour être le pilier, « la locomotive » comme on dit dans certains pays d'Afrique, pour que tout le monde suive, tels les wagons tractés par la locomotive. Il ne lui restera plus qu'à rappeler à l'ordre les récalcitrants et corriger les brebis galeuses, comme l'exception qui confirme la règle.

L'engagement politique du chrétien n'est pas uniquement spatial. En tenant compte de l'adage : « chaque chose en son temps », l'engagement est aussi temporel.

3. Savoir tirer profit du temps

Il est vrai que les Saintes Écritures évoquent « un temps pour tout, un temps pour toute chose sous les cieux : un temps pour naître, et un temps pour mourir… » (voir Ec 3.1-8, LSG). Ce sont des répétitions pour marquer, dans l'existence de l'homme, la répartition équitable et nécessaire du temps. Dans cette vie, chaque chose en son temps ; on ne peut s'occuper de tout en même temps. Et confondre ainsi les temps ne serait que de l'anachronisme préjudiciable. Le chrétien, dans son engagement politique, aura donc besoin de bien gérer son temps en exécutant chaque tâche en temps et en heure, c'est-à-dire faire chaque chose au bon moment, au moment opportun. Il s'agit ici du temps *kronos*.

Mais, nous disons que les temps sont favorables pour le chrétien, lui offrant l'opportunité d'être acteur et non simple agent. C'est le temps *kairos* où, comme acteur, le chrétien africain doit être capable de prendre des décisions, des initiatives, faire des propositions de programmes et de planification.

De quel temps s'agit-il vraiment ? Certainement, l'occasion d'un christianisme authentique vécu dans cette période de l'histoire dite temps modernes. De toute évidence, la société actuelle est en désastre, dans un état chaotique. La débâcle et les guerres en Afrique, pour ne citer que ces deux maux, résultent généralement des dérives politiques. Parallèlement, l'on assiste à une prolifération des sectes et autres religions sur le continent. Quelle époque vivons-nous actuellement ? C'est une époque où s'entremêlent le bien et le mal ainsi que le formulent les Saintes Écritures à propos de la parabole du semeur : l'ivraie et la bonne graine poussent ensemble sans qu'on puisse faire une distinction (voir Mt 13.24-30), surtout en cette période de mondialisation. L'image serait celle d'une poubelle où tout y est jeté et c'est plutôt le mal qui domine car la valeur morale est au plus bas. À titre d'exemple, les jeunes, surtout dans les pays développés, ne se soucient plus des tabous, des interdits sexuels qui sont en recrudescence, sans compter les violences qui détruisent totalement la société avec de graves conséquences. Ce même scénario est aussi visible si l'on considère l'Afrique.

Il est maintenant temps d'afficher une politique de redressement de la société qui se détériore avec une prédominance des actions sataniques et, en résultat, le désespoir des gens. Sur le plan politique et dans le cadre de la démocratie, le public se plaît dans cette situation où chacun est libre de faire ce qu'il veut, sans aucune contrainte dans sa vie. Voilà bien le large passage où nous nous engageons actuellement, mais ceux qui choisissent le sentier étroit sont de moins en moins nombreux. C'est pourquoi, il faut trouver une solution pour orienter les gens vers le choix qui mène à la volonté divine, une solution radicale et nécessaire. Aujourd'hui, la société doit s'engager dans la politique, et nous chrétiens en premier, dans la foi et la prière. C'est ce que nous clamons haut et fort, pour orienter la politique sociale à notre avantage. Nous devons nous lever en tant que véritables leaders, pour diriger le reste du monde dans tous les domaines selon les Saintes Écritures. Ainsi, même si la situation s'envenime et se détériore, quand les chrétiens sont cohérents, intelligents, qu'ils sont dans des positions supérieures en tant que leaders, et s'en tiennent fermement à leur engagement pour redresser le monde et les nations, notre Seigneur aura alors le dernier mot.

Si nous les chrétiens, nous nous contentons de suivre le mauvais courant, si nous ne nous tenons pas ferme, prétextant que les affaires politiques appartiennent à ce bas monde, nous serons tous perdus, rien ne fonctionnera comme il faut et les générations futures seront encore plus sacrifiées. En cela, Rainisoalambo nous laisse un exemple à suivre.

4. Exemple d'un chrétien engagé : Rainisoalambo

Il a contribué à la transformation de la société malgache dans son milieu, Soatanana (centre Sud), à la fin du XIXᵉ siècle, à Madagascar. Il est considéré par l'Histoire comme le père du Réveil dans la grande île. Rainisoalambo[2], un ancien devin, visité par l'Esprit de Dieu, se convertit au christianisme en 1894.

Certes, la conversion de cet homme a eu lieu en 1894, à l'aube du XXᵉ siècle, mais la doctrine et les enseignements qu'il a laissés ne sont guère dépassés, et bien moins obsolètes. Ils sont valables pour tous les temps, et en ce XXIᵉ siècle, toutes les activités socioculturelles et spirituelles dérivées de la doctrine de Rainisoalambo sont devenues des modèles de société. Les exemples sont légion, mais nous ne parlerons ici que du fameux *asam-piraisana* littéralement « travaux communautaires ».

---

2. RAINISOALAMBO (1894) fait partie des pères des réveils en Afrique, voulant donner un nouveau souffle à l'Église. On peut citer dans cette même catégorie, William Harris (1913/1915) en Côte d'Ivoire et Simon Kimbagu (1921) au Congo Belge.

Tous les croyants du village *Soatanàna*, appelés souvent « enfants du réveil » participent avec amour à ces travaux communautaires en tant que chrétiens, mais c'est aussi une activité socio-économique, car les produits entrent dans les besoins de cette société : riz, légumes, bois de chauffe ; et ils sont sous gestion commune. Les moyens de production (terre, instruments de travail et main d'œuvre) sont mis en commun. Si politique signifie participation à la gestion de la vie de la cité, en voici une belle illustration. En outre, ce chrétien fervent a aussi prescrit aux adeptes du Réveil des leçons de propreté corporelle et environnementale. Enfin, et non des moindres, comme il s'agit en général d'une société analphabète, il a recommandé l'apprentissage de la lecture et de l'écriture pour les chrétiens, aux fins de pouvoir lire la Bible.

C'est par ces travaux communautaires à dimension sociale que ce village s'est progressivement transformé. Dans ce cas, on peut bien parler d'engagement politique du chrétien dans son milieu socioculturel. Mais cet engagement ne se limite pas au social, il s'intéresse aussi au spirituel, à la guérison des malades. Certains sont physiquement malades, d'autres le sont spirituellement et donc ont besoin d'un travail exceptionnellement spirituel, comme l'œuvre de délivrance. Au vu de tout ce qui a été dit, que retenir ?

5. Quelques enseignements à retenir

- Le temps est ouvert avec la venue de Jésus-Christ au temple lorsqu'il a annoncé la manifestation du royaume de Dieu (Lc 4.18). Le temps est favorable car c'est le jour de la grâce que le prophète a annoncé. Ce temps a déjà commencé et se renouvelle toujours. D'où la signification du jubilé. L'univers vient de vivre récemment le troisième millénium correspondant au Jubilé de la naissance du Christ (année 2000). L'année 2017 correspond au 500ᵉ anniversaire de la Réforme menée par Martin Luther, lequel fut suivi par d'autres réformateurs (1517-2017). Mais aucun pardon n'est accordé sans l'engagement chrétien qui souffle le Yobel selon le code de sainteté (la racine du mot jubilé étant Yobel) ; « vous ferez retentir le cor dans tout votre pays » selon Lévitique 25.9 (TOB), c'est-à-dire annoncer la Bonne Nouvelle ;
- Le temps de l'affrontement a sonné pour combattre le mal, pour exprimer la justice et la Parole de Dieu. L'engagement chrétien est toujours de propager les bonnes semences de l'Évangile. « Ton peuple est volontaire le jour où paraît ta force. Avec une sainte splendeur, du lieu où naît l'aurore te vient une rosée de jouvence » (Ps 110.3, TOB) ;

- Le temps de crise (Ep 6) ; le temps de la postmodernité ; le temps du modèle de la *pax romana* où la paix règne sur toute la nation.

Dire que l'engagement du chrétien est plus que nécessaire et d'une extrême urgence ne constitue pas une conclusion hâtive pour cette dernière partie. L'intellectuel africain, qu'il soit cadre du public ou du privé, voire freelance et/ou consultant, ouvrier, artisan, artiste, sportif... quiconque ayant reçu gratuitement du Seigneur (dons de grâce, talents...) doit sans plus attendre honorer sa dette non seulement envers son divin Créancier, mais aussi envers ses prochains, à l'égard du continent tout entier pour une bonne gouvernance du territoire et pour une meilleure gestion des ressources humaines et de la biodiversité, car l'Afrique a tant souffert.

Levons-nous et soyons humbles comme Paul qui se comportait comme le plus petit des apôtres. Un vieux proverbe malgache « *Ny soa fianatra* » signifie : le bien s'apprend. Aussi, n'ayons pas honte ou peur d'imiter et de suivre l'engagement de ce fougueux Benjamite dont le nom juif Saül lui fut attribué par ses propres parents, en guise de souvenir du premier grand roi d'Israël, lui aussi de la tribu de Benjamin. Les actions entreprises par Paul restent valables pour tous les temps. Il est le premier à comprendre que le christianisme n'avait d'avenir que s'il s'adressait aux païens. C'est à juste titre que cet ancien disciple de Gamaliel est qualifié de convertisseur génial et d'épistolier grandiose. Frères et sœurs africains clairvoyants et lucides, ayons par conséquent du courage. Soyons combatifs afin de devenir persuasifs, comme ce champion de la rhétorique. Il a su convaincre Denys et Damaris de se convertir grâce à sa dialectique, en prononçant son discours sur le dieu inconnu devant l'audience de l'Aréopage d'Athènes (Ac 17.19-34). N'appréhendons surtout pas la décapitation qui a permis à cet infatigable apôtre d'arriver au terme de sa vie à Rome où Jésus lui a donné la couronne de vie.

Conclusion

La technologie et la science ont fait de grands progrès. Les chrétiens disposent de matériels de plus en plus perfectionnés pour effectuer leurs engagements ; dans les transports, les moyens de communication et de sonorisation, les techniques de médiatisation... Ces différents supports doivent être mis à profit pour encourager les chrétiens des temps modernes dans leurs engagements.

La situation est plus délicate face au développement de certaines philosophies et idéologies. Bien qu'implantées depuis longtemps, certaines ont pris actuellement une ampleur dangereuse, pour ne citer que les sociétés secrètes du genre Clubs de service. Les œuvres sociales qu'elles entreprennent constituent des engagements dans la société et ce courant représente en quelque sorte une concurrence sérieuse pour les chrétiens. Devant une telle réalité, et face aux forces occultes derrière les groupes politiques qui émergent pour devenir la vedette de la mondialisation, on comprend que des chrétiens marquent une hésitation avant de s'engager.

Rainisoalambo avait une certaine spiritualité et a ainsi bénéficié d'une connaissance approfondie des Saintes Écritures. Mais il a mis cette spiritualité en pratique en s'engageant dans la société où il vivait. Il s'est laissé guider par le Saint-Esprit pour se livrer à l'enseignement de la société païenne dont lui-même était ressortissant. Ainsi, son travail apportait ses fruits et il a réussi à convertir une bonne partie de la population non seulement de sa région mais de son pays.

Madagascar était complètement dans le paganisme. Mais Dieu n'a pas voulu l'abandonner dans cette perdition. C'est par le développement du mouvement de réveil que Dieu a sauvé l'île. Madagascar est aujourd'hui l'un des États et territoires d'Afrique comptant le plus grand nombre de chrétiens, après le Nigeria, la RDC, l'Éthiopie, le Kenya et l'Afrique du Sud, l'Ouganda et la Tanzanie[3]. Dieu persiste et signe dans cette orientation en érigeant par la suite trois autres mouvements de réveil qui ont vite fait de couvrir l'île entière.

Dieu a insufflé la sagesse à Rainisoalambo de ne pas attendre le début ou la fin de tergiversations des Français à établir la colonisation de Madagascar. Il a tout de suite enclenché l'évangélisation. Selon les préceptes de saint Paul en 2 Timothée 4.2 : « Proclame la Parole, insiste à temps et à contretemps, reprends, menaces, exhortes, toujours avec patience et souci d'enseigner » (TOB).

Enfin, en termes de religion, la propagation fulgurante de l'islam est un défi non négligeable pour l'engagement des chrétiens, d'autant que les musulmans ne sont pas les moins actifs dans les œuvres sociales.

En ce qui concerne la politique mondiale moderne, les chrétiens ne doivent pas ignorer les objectifs du développement durable, plus connus sous le sigle de « ODD », qui sont convoyés par les Nations Unies, et qui n'ont rien de contradictoire avec la philosophie chrétienne. Ainsi, il faut reconnaître que l'engagement politique et social du chrétien est crucial et il doit donc avoir une orientation multidimensionnelle.

Pour terminer, je me réfère à l'exemple de l'apôtre Paul. Il a servi et prêché, non pas timidement, non pas pour un temps, mais hardiment et toujours. La prédication est au centre de l'engagement politique du chrétien.

---

3. Voir Pew Research Center, « Religious Composition by Country, 2010-2050 », consulté le 5 juillet 2022, https://www.pewresearch.org/religion/2015/04/02/religious-projection-table/.

Épilogue

Solomon Andria

Ce livre a donné une plate-forme pour des échanges sur le rapport entre l'Église et la société. Que faut-il retenir de ces chapitres, de ces interventions ? Dans certaines cultures africaines, à certaines cérémonies, surtout familiales, ou à des rencontres de réconciliation entre deux clans, deux familles ou deux ethnies, un homme d'un certain âge, un notable doit conclure la réunion, faire la synthèse de tout ce qui a été dit, prononcer des paroles de solidarité, de fraternité, en sorte que les participants rentrent chez eux heureux et avec un message précis.

Cet épilogue a donc pour rôle de rappeler l'essentiel du message des auteurs, de dire en quelques lignes le patrimoine commun des chapitres, si différents soient-ils, afin que le lecteur parte avec des idées nouvelles et entre dans des pistes de réflexion pour l'avenir. Ce patrimoine commun, tout au long des chapitres, fait comprendre le lien étroit qui existe entre théologie et histoire. Ainsi, l'épilogue a choisi le sujet Histoire contemporaine du rapport entre Église et État.

Cette histoire est marquée par deux épisodes :

- L'épisode du néo-colonialisme jusqu'en 1990 : dans la plupart des cas, l'indépendance a été « offerte » plutôt qu'acquise au prix des efforts et des luttes patriotiques comme ailleurs. La situation politique était cependant relativement stable. La première génération des dirigeants pouvait quelque peu réussir pour leur pays dans le domaine économique et social. Mais cette stabilité était assurée en grande partie par l'un ou l'autre bloc, protagoniste de la guerre froide. Nous avions l'impression que chaque pays africain était soutenu ou protégé par un bloc. Il y avait alors deux types de pays : les pays progressistes et les pays modérés ;

- L'épisode de la démocratie depuis l'année 1990 : après la chute du mur de Berlin en 1989, qui marquait la fin de la guerre froide – car au moins l'un des deux blocs s'écroulait – les pays africains, pour la plupart, pensaient être libérés du joug néo-colonialiste ! Certains dirigeants furent alors libres d'organiser des conférences nationales pour initier les peuples à la démocratie, à la théorie du pouvoir pour le peuple et par le peuple. Ils voulaient tourner la page et entrer dans une nouvelle phase de l'histoire.

Après un temps de recul, nous sommes tentés de penser que les Africains vivaient mieux au lendemain de l'indépendance, dans les années 1960 dans la période néocoloniale qu'après l'accession à la démocratie, depuis les années 1990 ! Nous nous posons alors la question si la démocratie était la solution aux instabilités et à la pauvreté en Afrique. Il y a peut-être un malentendu ! Quel contenu donnons-nous au concept « démocratie » ? Nous sommes tentés de dire comme dans un humour que dans un discours politique, seule la grammaire est juste.

Démocratie et démocratie

Le poids de la culture

La démocratie plonge ses racines dans l'Antiquité grecque, elle est donc essentiellement occidentale. On se rappelle que la France a accédé à la démocratie dans sa forme actuelle plusieurs siècles après la Renaissance au XVIe siècle, la Renaissance étant considérée comme un mouvement intellectuel vers la culture et les valeurs grecques. Entre la Renaissance et la 5e République, il y a eu des sauts et des soubresauts politiques. Depuis la révolution française en 1789, il y a eu cinq républiques. Et si des pays africains ont du mal à accepter la démocratie, ce n'est pas parce qu'ils sont peu « civilisés » mais parce que la démocratie apparaît comme une valeur étrangère. Mais l'erreur grossière qu'il faut éviter est de faire choisir entre démocratie et dictature. Ce serait une mauvaise alternative.

Certains rois africains d'avant la colonisation avaient du souci pour leur peuple et savaient qu'ils avaient des comptes à leur rendre tôt ou tard. D'autres pensaient qu'ils tenaient de Dieu le pouvoir. Ils craignaient Dieu, même s'ils ne connaissaient pas le Dieu de Jésus-Christ. On raconte l'histoire d'un chef d'État africain qui avait été au pouvoir pendant trente ans. Il disait sur son lit de mort : « Je voudrais encore diriger mon peuple pendant vingt ans, il y a encore beaucoup à faire ». Il avait pourtant fait beaucoup, et son nom est inscrit dans les annales de l'Histoire.

Faudra-t-il que les dirigeants politiques en Afrique entrent dans la démocratie à l'occidentale ? Certains diront oui, pour la crédibilité ou pour plaire à « la communauté internationale », une expression qu'il faudra absolument changer au moins par honnêteté intellectuelle, car le qualificatif « international » inclut tous les pays grands et petits, riches et pauvres. D'autres diront non par souci d'indépendance.

Église à l'écoute de Dieu

La lecture de l'Écriture nous aide non seulement à répondre à cette question, mais aussi à réfléchir sur la contribution sociale et politique du chrétien ou du christianisme au développement de la société, pour qu'elle soit toujours plus humaine.

L'Écriture

Passer en revue quelques faits « historiques » dans la Bible aide à cette réflexion. Le peuple d'Israël n'avait pas de roi au départ. Comme dans une théocratie, Dieu voulait le diriger directement, certes par l'intermédiaire des juges, mais ces derniers avaient des comptes à lui rendre à tout moment. Par la suite, par imitation des peuples avoisinants, Israël réclamait un roi ! Ainsi a-t-il adopté la royauté, à l'image des pays païens aux alentours. Le roi David est perçu comme le plus grand roi d'Israël, doué de créativité, militairement puissant. L'on sait que le drapeau de l'État moderne d'Israël est frappé de l'étoile de David !

Tous les rois qui se sont succédé en Israël avant la division en deux États, savaient qu'ils étaient choisis par Dieu. Certains le craignaient, ils régnaient « selon le cœur de Dieu », d'autres l'ignoraient dans la gestion des affaires du peuple et agissaient mal à ses yeux. La séparation entre le royaume de Juda et celui d'Israël est l'une des conséquences de la désobéissance de ces derniers. D'ailleurs, après l'invasion babylonienne en 587 av. J.-C., il n'y avait plus de royaume digne de ce nom !

La période la plus humiliante pour les Juifs sur le plan politique était sans doute l'occupation romaine à partir de l'an 63 av. J.-C. Jésus-Christ vivait cette situation politique que personne d'alors n'enviait. Comment un peuple ou un pays comme Israël pouvait être sous l'occupation d'une puissance païenne ? Certes, il y avait un roi nommé Hérode, mais il n'était pas fils d'Abraham, il était imposé par Rome. Pilate détenait d'ailleurs l'essentiel du pouvoir, lui-même représentait César considéré comme dieu. L'on disait alors : César est le seigneur.

L'observation de l'attitude de Jésus face au pouvoir romain est fort utile, surtout aux hommes du XXIe siècle. De nos jours, nous lui poserions toute une série de questions : serait-il pour la démocratie ou pour la monarchie ? Serait-il pour les élections qui semblent l'expression par excellence du peuple ou pour le consensus ? Apprécierait-il à la tête d'un État une personnalité comme Abraham

Lincoln, Martin Luther King, Mikael Gorbatchev, Frederic de Klerk ou Nelson Mandela ?

La mission principale de Jésus était l'annonce du Royaume. Mais cette mission très originale pour les Juifs exigeait non seulement l'adhésion des enfants d'Abraham, selon la chair car le salut vient des Juifs, mais aussi un environnement sociopolitique favorable. Jésus recommandait à ses contemporains d'accomplir correctement leurs devoirs civiques : payer à César ce qui est à César, et leurs devoirs religieux : à Dieu ce qui est à Dieu. Il ne soutenait pas pour autant le régime colonial de César, et encore moins l'autorité fantoche d'Hérode qu'il appelait d'ailleurs le renard (Lc 13.32). Il n'y a en lui ni accommodation ni révolte. Il n'est ni hérodien ni zélote. Bref, il est au-dessus des systèmes politiques de son temps. Cependant, il était très conscient des problèmes quotidiens de son peuple. Il avait un regard particulier sur les marginalisés comme les pauvres, les veuves et les orphelins, et même sur les personnes stigmatisées comme les prostituées et les publicains.

L'apôtre Paul, quant à lui, recommandait le respect des autorités qui sont censées assurer le bien-être des citoyens, quelle que soit leur idéologie politique (Rm 13.1-7). Selon l'apôtre, les chrétiens doivent prier pour elles pour que la paix règne et qu'ainsi, ils puissent proclamer l'Évangile et conduire les citoyens à la foi en Jésus-Christ (1 Tm 2.1-4). Pour lui, il n'y a pas de régimes politiques parfaits, il y aura toujours des frustrations et des frustrés. Imaginons les exactions qu'il a connues tout au long de son ministère essentiellement itinérant : rencontrer Agrippa, l'incarnation du pouvoir romain, discuter avec des gouverneurs, passer des nuits en prison à cause de sa foi, comparaître devant la justice romaine (voir Ac 23–25). Et pourtant, il avait des droits que les simples Juifs n'avaient pas, en tant que citoyen romain. Pour Paul, il y a une mission à accomplir : évangéliser les nations, faire des païens des enfants d'Abraham selon l'esprit, et enseigner pour que les chrétiens aient accès à la pleine connaissance de Jésus-Christ.

Christianisme africain et démocratie

L'histoire nous informe que de grands hommes de la Réforme initiaient leurs contemporains à la démocratie. La constitution de certains pays en Europe a des bases démocratiques. Mais chaque pays a adopté le modèle qui lui convient selon la sensibilité et la culture du peuple. Ainsi, nous pouvons choisir deux pays européens au hasard, ces deux pays ayant deux constitutions différentes : le Royaume-Uni et la France. Le premier a adopté la démocratie anglo-saxonne et le deuxième a choisi la démocratie républicaine.

La plupart des pays africains, en revanche, sont dans le tâtonnement depuis les indépendances. Il y a comme un fossé entre les aspirations des peuples et les ambitions des politiques. Il en résulte des migrations vers le Nord comme si le Nord pouvait satisfaire ces ambitions par miracle ! Il y a presque toujours un malentendu entre les protagonistes sur la scène politique.

L'Église

L'on se pose des questions : « Où est l'Église ? Où est le sel de la terre, la lumière du monde ? » Ne doit-elle pas communiquer le message de Dieu comme Jérémie ? Il communiquait dans la souffrance le message de Dieu aux enfants d'Israël dans une situation de crise ; ou comme Nathan ? Il avertissait le grand roi David qui venait de commettre un acte abominable ; ou comme Jean Baptiste ? Dans une situation d'occupation romaine, il avait le courage de dire à Hérode le mal que celui-ci venait de commettre en épousant la femme de son frère.

La lecture de l'histoire des rois et des prophètes conduit à la conclusion suivante : L'Église joue un rôle prophétique dans la société et en particulier auprès des autorités du pays ; l'Église est le sel et la lumière dans un monde corrompu par le péché, qui se déconstruit.

L'Église catholique joue ce rôle prophétique plus facilement que les autres Églises pour la simple raison qu'elle a un magistère, les évêques en union avec le Pape. Depuis Vatican II, la conférence des évêques de chaque pays joue ce rôle : dire aux autorités ce qui vient de Dieu et éclairer les citoyens. Les autres Églises, cependant, n'ont pas de magistère. Personne ne peut parler au nom de tous les protestants et évangéliques du même pays. Aucune fédération d'Églises ne peut avoir accès aux autorités pour parler de la part de Dieu. Mais d'autres voies bien meilleures existent heureusement.

Comme prophète, le chrétien communique la pensée de Dieu partout où il est, avec sagesse et dans la simplicité ; il représente l'Église qui est la communion des saints, de ceux qui sont sous l'autorité de Jésus-Christ et qui lui obéissent en obéissant à l'Écriture. Comme sel de la terre, le chrétien donne de la saveur à la société par sa manière de vivre, son éthique ; il empêche le pourrissement total ou la déconstruction de la société ; par sa présence active, il gère à la lumière de l'Écriture ses relations avec les biens matériels, l'argent en particulier qui peut conduire à la cupidité et à la corruption, avec les personnes de l'autre sexe qui sont susceptibles de l'exposer à l'adultère ou à l'homosexualité, et avec lui-même pour éviter les pièges de l'orgueil et de l'égoïsme. Un écrivain contemporain disait que si chaque homme pensait d'abord à l'autre, le considérait comme un interlocuteur ayant les mêmes besoins que lui, la société serait bien différente.

Il y aurait moins de racisme, de tribalisme, moins de migrations, de corruption et moins de guerres.

La démocratie comme valeur essentielle ?

La démocratie, qui prône les élections présidentielles au suffrage universel direct, comme valeur essentielle ? Certainement pas, au moins pour deux raisons : les pays de culture démocratique reconnaissent que la démocratie est un idéal qu'on ne peut jamais atteindre. Ensuite, c'est une option parmi tant d'autres. Nous savons qu'il y a des systèmes politiques sous d'autres cieux qui n'ont rien à voir avec la démocratie occidentale mais où les peuples sont plus heureux. C'est une erreur, en effet, de « mesurer » le bonheur d'un peuple par les droits politiques et les droits individuels. Il est prouvé que dans les pays dits démocrates il y a plus de suicides, de destruction de la cellule familiale et de l'esprit communautariste. Peut-on changer d'appareil de mesure ? Peut-on mesurer le bonheur d'un peuple par la longévité, la cohésion familiale, la paix sociale et la fertilité ?

Dans la perspective biblique, heureux est le peuple dont le roi craint Dieu. Il est conscient de sa responsabilité devant Dieu et devant son peuple. Il sait qu'il a des comptes à rendre. En d'autres termes, la démocratie n'apporte pas nécessairement le bonheur au peuple.

Les auteurs du livre ne livrent pas de recettes aux Églises ni aux chrétiens. Ils poussent à la réflexion et à l'autocritique. Ils font comprendre que les chrétiens africains de notre siècle ont toutes les ressources intellectuelles et spirituelles pour agir en faveur de la société, avec ou sans la démocratie.

Bibliographie

Chapitre 1 : Démocratie, le mot et ses contours

AICHHOLZER Georg, ALLHUTTER Doris, « Online forms of political participation and their impact on democracy », 2009, https://ecpr.eu/Filestore/PaperProposal/e27e56b4-fb6b-4c8b-980a-3b8357edd8e4.pdf (consulté le 6 mai 2017).

BAYART Jean-François, « La problématique de la démocratie en Afrique noire : "La Baule, et puis après ?" », juin 1990, http://www.politique-africaine.com/numeros/pdf/043005.pdf (consulté le 2 mai 2017).

BLONDIAUX Loïc, *Le nouvel esprit de la démocratie. Actualité de la démocratie participative*, coll. La République des idées, Paris, Éditions du Seuil, 2008.

CARROLL R.,M. D., *Contexts for Amos : Prophetic Poetics in Latin-American Perspective*, Sheffield, Sheffield Academic Press, vol. 132, 1992.

CHANIAL Philippe, « Espaces publics, sciences sociales et démocratie », *Quaderni* n°18, automne 1992, numéro thématique sur les espaces publics, http://www.persee.fr/doc/quad_09871381_1992_num_18_1_971 (consulté le 24 avril 2017).

CHIRICHIGNO G. C., *Debt-slavery in Israel and the ancient Near East,* Sheffield, Sheffield Academic Press, vol. 141, 1993.

COPE E. M., *Commentary on the Rhetoric of Aristotle*, Medford-MA, Cambridge University Press, vol. 1, 1877.

DEMONT Paul, « Tirage au sort et démocratie en Grèce ancienne », 22 juin 2010, http://www.laviedesidees.fr/Tirage-au-sort-et-democratie-en-Grece-ancienne.html (consulté le 3 mai 2017).

ROMILLY Jacqueline (de), « Le classement des constitutions d'Hérodote à Aristote », *Revue des études grecques*, tome 72, fascicule 339-343, janvier-décembre, 1959.

DOWNS Anthony, *An Economic Theory of Democracy*, New York, Harper, 1957.

DUNN John, *Western Political Theory in the Face of the Future*, New York, Cambridge University Press, 1979.

DUPUIS-DERI Francis, « Qu'est-ce que la démocratie ? » *Horizons philosophiques* vol. 5, n°1, automne 1994, p. 85-95.

ECKMAN J.-P., *Biblical Ethics: Choosing Right in a World Gone Wrong*, Wheaton, IL, Crossway Books, 2004.

GEORGE Éric, « De la complexité des relations entre démocratie et TIC », *Nouvelles pratiques sociales* 21, n°1, 2008. Cet article est diffusé et

préservé par Érudit. https://www.erudit.org/revue/nps/2008/v21/
n1/019357ar.pdf (consulté le 25 avril 2017).

HABERMAS Jürgen, « Sur le droit et la démocratie » Note pour un débat, *Le
Débat*, 1997/5 n°97, p. 42-47. DOI:10.3917/deba.097.0042, http://
palimpsestes.fr/quinquennat/notions_etudes/comm_politique/
habermas/droit_democratie.pdf (consulté le 2 mai 2017).

HALLO W. W., YOUNGER K. L., *The Context of Scripture*, Leiden-New York,
Brill, 1997.

HAZOUME Marc-Laurent, « L'Afrique et le défi démocratique. Essai sur
l'éducation des adultes pour la démocratie et la culture de la paix »,
Institut de L'UNESCO pour l'Education (IUE), Hambourg, 1999, https://
unesdoc.unesco.org/ark:/48223/pf0000217910 (consulté le 8 juin 2020).

HOPE N. V., « Church Organization: Its Development and Forms », dans *Baker's
Dictionary of Practical Theology*, sous dir. R. G. TURNBULL, Grand Rapids-
MI, Baker House, 1967.

HOW W. W., *A Commentary on Herodotus* (English), Medford, MA-Wheaton-IL,
Perseus Digital Library-Crossway Books, vol. 1, 2000.

JACOBSEN T., « Primitive Democracy in Ancient Mesopotamia », republié
dans W. L. Moran et T. Jacobsen, *Toward the Image of Tammuz and other
Essays on Mesopotamian History and Culture*, Cambridge, MA, Harvard
University Press, 1970, p. 157-170 (publié pour la première fois en 1943 :
T. Jacobsen, « Primitive Democracy in Ancient Mesopotamia », *JNES* 2, n°3,
1943, p. 159-172.

KHOURI Nicole, « Libéralisme et démocratie », *Tiers-Monde*, tome 40, n°157,
Le libéralisme en question, 1999, DOI : 10.3406/tiers.1999.5367 http://
www.persee.fr/doc/tiers_1293-8882_1999_num_40_157_5367. (consulté
le 20 avril 2017).

POURHIET Anne-Marie (le), « Définir la démocratie », *Revue française de droit
constitutionnel*, 2011/3, n°87, 2011.

MERRIAM-WEBSTER I., *The Merriam-Webster Dictionary of Quotations*,
Springfield-MA, Merriam-Webster, 1992.

METAXAS E., *Bonhoeffer: Pastor, Martyr, Prophet, Spy*, Nashville, Thomas
Nelson, 2011.

MITROPOLITSKI Siméon, « Une théorie économique de la démocratie d'Anthony
Downs », Bruxelles, Éditions de l'Université de Bruxelles, 2013, Politique
et Sociétés 331, 2014.

MOLTMANN Jürgen., *The Church in the Power of the Spirit : A Contribution
to Messianic Ecclesiology*, trad. M. Kohl, Minneapolis-MN, Fortress
Press, 1993.

MONIERE Denis, « La démocratie en questionnement », dans *Internet et la
Démocratie*, Monière et Wollank Éditeurs, 2002, https://www.erudit.org/

fr/livres/hors-collection/internet-democratie--2-9807506-0-3/ (consulté le 4 juin 2020).

Müri Sabine, *Dynamics in the process of contextualization facilitated by a West-European researcher: Contextualizing the OT notion of 'sin' in the cultural context of the Kongo people in Brazzaville.* (European School of Culture and Theology, Korntal, Germany/ Columbia International University, South Carolina, USA), Oxford Centre for Mission Studies, 2016.

Narr W.-D., Strohm T., « Democracy », dans *The Encyclopedia of Christianity*, Grand Rapids/Leiden, Eerdmans/Brill, vol. 1, 1999-2003.

Neuhaus R. J., *The Naked Public Square: Religion and Democracy in America*, Grand Rapids, Eerdmans, 1984.

Ouellet Pierre, « Démocratie et laïcité. Puissance du pluriel », *Spirale* 235, 2011, http://www.erudit.org/en/journals/spirale/2011-n235spirale1506175/62013ac/ (consulté le 30 avril 2017).

Pannenberg W., *Anthropology in theological perspective*, London-New York, T&T Clark, 1985.

Parker S. B. Sod, « Council », dans *Dictionary of Deities and Demons in the Bible*, sous dir. K. van der Toorn, B. Becking, P. W. van der Horst, Grand Rapids/Leiden, Eerdmans/Brill, 1999.

Plato, *Plato in Twelve*, volumes traduits par Harold N. Fowler, vol. 12, Medford-MA, Cambridge, MA, Harvard University Press/London, William Heinemann Ltd., 1921.

Ratzinger J., « Church, Ecumenism and Politics: New Endeavors », dans *Ecclesiology*, trad. M. J. Miller, San Francisco, Ignatius Press, 2008.

Rusten S., Michael E., *The Complete Book of When & Where in the Bible and throughout History*, Wheaton-IL, Tyndale House Publishers, Inc., 2005.

Sintomer Yves, *La démocratie impossible ? Politique et modernité chez Weber et Habermas*, Paris, Éditions La Découverte, 1999a. Ce livre a été converti en e-book le 26/02/2016 par Cairn à partir de l'édition papier du même ouvrage. Nous utilisons la version électronique.

Sintomer Yves, « La démocratie impossible ? » http://www.sintomer.net/file/L_DEMOCRATIE_IMPOSSIBLE_VERSION_PROPRE.pdf (consulté le 2 mai 2017).

Smith M. C., « Government », dans *Encyclopædia of Religion and Ethics*, sous dir. J. Hastings, J. A. Selbie, L. H. Gray, Edinburgh-New York, T. & T. Clark-Charles Scribner's Sons, vol. 6.

Tavares A., « Quelques termes bibliques relatifs à des institutions anciennes : Problèmes de traduction posés par le vocabulaire concernant les éléments de la population avant la monarchie », Meta 321, 1987.

Tchikaya Blaise, « La charte africaine de la démocratie, des élections et de la gouvernance », *Annuaire français de droit international*, volume

54, 2008, DOI : 10.3406/afdi.2008.4040 http://www.persee.fr/doc/ afdi_00663085_2008_num_54_1_4040 (consulté le 2 mai 2017).

Victor W. M., « Elder », dans *The Lexham Bible Dictionary*, sous dir. J. D. Barry et al., Bellingham-WA, Lexham Press, 2016.

Walton J. H., *Ancient Near Eastern Thought and the Old Testament: Introducing the Conceptual World of the Hebrew Bible*, Grand Rapids-MI, Baker Academic, 2006.

Ward M. L. Jr., *Biblical Worldview : Creation, Fall, Redemption*, sous dir. M. L. Ward Jr., D. Cone, Greenville-SC, BJU Press, 2016.

Westermann C., *A Continental Commentary : Genesis 37–50*, Minneapolis, MN, Fortress Press, 2002.

Yao Assogba, « Afrique noire : démocratie, développement et mouvement associatif ». UQO : Cahier de la Chaire de recherche en développement communautaire, Série Recherche, no 13,1998. Un document produit en version numérique par Jean-Marie Tremblay, bénévole, professeur de sociologie au Cégep de Chicoutimi. Site web pédagogique : http://www.uqac.ca/jmt-sociologue/ (consulté le 29 avril 2017).

Chapitre 2 : La théologie et la politique

Andria Solomon, *La théologie : une introduction*, Abidjan, PBA, 2004.

Aristote, *La métaphysique*, t.1, Paris, Vrin, 1981.

Aristote, *Politique*, livre III, Paris, Vrin, 1962.

Barth, Karl, *La Genèse,* Genève, Labor et Fides, 1964.

Benetreau Samuel, *L'épître de Paul aux Romains*, t. 2, Vaux-sur-Seine, Edifac, 1997.

Blaser Klauspeter, *La théologie au XXème siècle*, p. 299.

Chapey P., Tillich Paul, *le christianisme et les religions*, Paris, Montaigne, 1968.

Cone James H., *La noirceur de Dieu*, Genève, Labor et Fides, 1989.

Cornu D., *Karl Barth et la politique*, Genève, Labor et Fides, 1967.

Djekere Jean-Claude, *L'engagement politique du clergé catholique en Afrique noire*, Paris, Karthala, 2001.

Ela Jean-Marc, *Le cri de l'homme africain,* Paris, L'Harmattan, 1980.

Encyclopédie du Protestantisme, Paris, Cerf, 1995.

Emery Louis, *Introduction à l'étude de la théologie protestante*, Paris, G. Fiscbacher, 1904.

Eusebe de Césarée, *La théologie politique de l'Empire chrétien*, Paris, Cerf, 2001.

Freund J., *Qu'est-ce que la politique ?,* Paris, Seuil et Sirey, 1967.

Gabus J.-P., *Critique du discours théologique*, Neuchâtel, Delachaux et Niestlé, 1977.

GIBELLINI Rosalino, *Panorama de la théologie au XXème siècle*, Paris, Cerf, 1994.

GODET Frédéric, *La Bible annotée A.T. 3*, Saint-Légier, Emmaüs, 1986.

Grand Larousse Encyclopédique, Paris, Librairie Larousse, 1964.

GUTIERREZ Gustavo, *Théologie de la libération*, Bruxelles, Lumen Vitae, 1974.

HAUERWAS Stanley, *Le Royaume de paix. Une initiation à l'éthique chrétienne*, coll. Theologia, Paris, Bayard, 2006.

KÄ MANA, *A cœur ouvert : confession d'un croyant africain*, Yaoundé, CLE-CIPRE, 2006.

KÄ MANA, *Foi chrétienne, crise africaine et reconstruction de l'Afrique. Sens et enjeux de la théologie contemporaine*, coll. Défi africain, Nairobi, CETA, 1992.

KABASELE-MUKENGE A., « Le prophète comme "guetteur", Ez 3.16-21, 33.1-9 : Analyse littéraire et actualisation », dans L. Santedi Kinkupu, sous dir., *La théologie et l'avenir des sociétés. Cinquante ans de l'Ecole de Kinshasa*, Paris, Karthala, 2010.

KANT E., *La religion dans les limites de la simple raison*, Paris, Vrin, 1979.

KAYAYAN E., *Le chrétien dans la cité*, coll. Messages, Lausanne, l'Age d'homme, 1995.

KLAUSPETER BLASER et al, sous dir., *Le monde de la théologie. Un dossier de travail*, Paris, Librairie Protestante, 1980.

LALANDE André, « Politique », dans *Vocabulaire Technique et Critique de la Philosophie*, Paris, Cerf, 1996.

LAVOSTE Jean-Yves, *Dictionnaire critique de théologie*, Paris, Puf, 1998.

LUTHER M., « De l'autorité, 1523 », dans *Œuvres*, t.4, Genève, Labor et Fides, 1958.

MEHL Roger, *La théologie protestante*, coll. Que sais-je ? Paris, Cerf, 1966.

MONLOUBOU Louis, « Prophète », dans *Dictionnaire Encyclopédique de la Bible*, sous-dir. Pierre Maurice Bogaert et al., Maredsous, Brépols, 1987.

MUTOMBO-MUKENDI Félix, *La théologie politique africaine*, exégèse et histoire, Paris, Harmattan, 2011.

NICOLE Jules-Marcel, *Précis d'histoire de l'Église*, Nogent-sur-Marne, Institut Biblique, 2005.

PETIT ROBERT, Paris, Le Robert, 1992.

PLATON *La République*, Livre IV, Paris, Pléiade, 1950.

REDEKOP John H., *Politique soumise à Dieu*, trad. Glen Miller, Kinshasa, Mukanda, 2012.

SCHLEIERMACHER F. D. E, *Le statut de la théologie*, Paris, Cerf, 1994.

SESBOUE B., « D'une société de chrétienté à une Église minoritaire », conférence donnée aux Facultés Universitaires Notre-Dame de la paix de Namur, 13 mai 2003.

TAYLOR Justin, *Les Actes des deux apôtres*, Paris, Librairie Lecoffre, 1994.

« Théologie », *Dictionnaire de la Spiritualité* n°15, Paris, Cerf, 1997.

« Théologie », dans *Dictionnaire de la Théologie Catholique*, Paris, Beauchesne, 1990, 1991.

« Théologie », dans *Encyclopédie du Protestantisme*, Paris, Cerf, 1995.

Tompte-Tom Énoch, « L'Église selon K. Barth, Paul Tillich et J.-M. Ela : enjeu pour une ecclésiologie à la croisée du chemin, le cas africain », thèse présentée et soutenue à la Faculté Libre de Théologie de Montpellier en 2000.

Tshibangu Th., « Les taches de la théologie africaine », dans *Libération ou Adaptation : La Théologie africaine s'interroge, (Le Colloque d'Accra)*, sous dir. Appiah-Kubi K. et al, Paris, Éditions l'Harmattan, 1979.

Vanneste A., « Parole de Dieu et langage des hommes », *RAT*, n° 20, 1986.

Wright Christopher J. H., *La mission de Dieu, Fil conducteur du récit biblique*, trad. Alexandre Sarran, Charols, Excelsis, 2012.

Xhaufflaire Marcel, *La théologie politique : introduction à la théologie politique de Jean-Baptiste*, Metz-Paris, Cerf, 1972.

Chapitre 3 : Église et démocratie en Afrique

Abega Séverin Cécile, « Le Cameroun et la religion Traditionnelle », dans *Histoire du christianisme au Cameroun, des origines à nos jours*, sous dir. MESSINA Jean Paul, JAAP Van Slageren, Paris/Yaoundé, Éditions Khartala/CLÉ, 2005.

Agayi Kodjo Marc, « L'engagement politique des chrétiens dans les pays francophones d'Afrique de l'Ouest (1990-2005) », Thèse de doctorat en théologie catholique, Université de Strasbourg, 2010.

Atkerson Steve, « L'Église de localité », New Testament Reformation Fellowship, 2007, https://ntrf.org/french/leglise-de-localite/.

BERCI/NDI, « Les leçons à tirer de la conférence nationale souveraine et ses implications pour le dialogue Inter congolais », https://www.ndi.org/sites/default/files/1296_cd_natconf2001_0.pdf (consulté en mai 2022).

Calvin Jean, *Institution Chrétienne*, Livre IV, Genève, Labor et Fides, 1956.

Diop Djibril, « 50 ans d'indépendance : quelle Renaissance pour les États africains ? » www.cerium.ca/IMG/pdf/50_ans_d.pdf.

Dorier-Apprill Élisabeth, « Le pluralisme chrétien en Afrique subsaharienne » *Le Christianisme dans le monde, Questions Internationales*, Paris, La Documentation française, n°29, janvier-février 2008.

Dreyfus François Georges, « Religion et Politique en Afrique subsaharienne », *Géostratégiques* n°25 10/09, Géopolitique de l'Afrique subsaharienne, http://www.academiedegeopolitiquedeparis.com/religion-et-politique-en-afrique-subsaharienne/.

ELA Jean Marc, *Repenser la théologie africaine, le Dieu qui libère*, Paris, Éditions Khartala, 2003.

KÄ MANA, *Christ d'Afrique Enjeux éthiques de la foi africaine en Jésus-Christ*, Paris/Yaoundé, Khartala/CETA/CLÉ/HAHO, 1994.

GENNE Marcelle, « La démocratie en Afrique : De la thèse de René Dumont à celle de la Commission économique pour l'Afrique », *Études internationales*, vol. 22, n° 2, 1991.

GODIN Christian, *Dictionnaire de Philosophie*, Paris, Fayard/Editions du temps, 2004.

GOUNELLE André, « Église et politique », dans *La tentation de l'extrême droite*, sous dir. Église Réformée de France, Lyon, les Bergers et Les Mages, Réveil Publications, 2000.

LESSAY Franck, « Éthique protestante et ethos démocratique », *Cités*, 2002/4.

MAYRARGUE Cédric, « Dynamiques religieuses et démocratisation au Bénin. Pentecôtisme et formation d'un espace public », Sciences de l'Homme et Société, Institut d'Études politiques de Bordeaux, Université Montesquieu-Bordeaux IV, 2002.

TSHIPAMBA Mpuila François, « La démocratie est une valeur et une exigence universelles », en ligne : www.congoonline.com, 1998 (consulté le 13 Décembre 2011).

NANGA C., « La réforme de l'administration territoriale au Cameroun à la lumière de la loi constitutionnelle, n°96/06 du 18 janvier 1996 », Mémoire de Master en administration publique, France, ENA, 2000, en ligne www.ena.fr (consulté en janvier 2014).

PACAUT M, *Les Institutions Religieuses*, Paris, Presses universitaires de France, 1951.

NKOLO FANGA Jean Patrick, « Faire Église ensemble : Défi ou illusion ? Le cas des immigrés en France », *Les Cahiers de l'ILTP*, mis en ligne en février 2018 : 19 pages. Disponible en libre accès à l'adresse : http://wp.unil.ch/lescahiersiltp/, consulté le 10 mars 2018.

NKOLO FANGA Jean Patrick, *Le pasteur et le management d'une Église locale au sein du Conseil des Églises Protestantes du Cameroun*, Carlisle, Langham Monographs, 2021.

RIGOLOT Claude (frère Irénée), « Des Pères apostoliques aux Pères du IVe siècle », cours de patrologie, t. 1, « Les Pères d'Orient et d'Occident (de la fin du IVᵉ au VIIIᵉ s.) », cours de patrologie, t. 2, accessible sur http://www.patristique.org.

UKWUIJE Bédé, « Existe-t-il une théologie politique en Afrique ? », *Laval Théologique et Philosophique*, vol. 63, 2007.

ZÜRCHER Lucas, *L'Église compromise ? La Fédération des Églises protestantes de Suisse et l'apartheid (1970-1990)*, Genève, Labor et Fides, 2007.

Chapitre 4 : L'Église et l'avenir de la politique en Afrique

AGBEDE Afolabi Ghislain, « Le Député à l'Assemblée Nationale : Qui doit-il être ? » *Hwenusu*, vol. 1/3, n°3, 2007.

AGBEDE Afolabi Ghislain, *Le Millenium Transformationnel : L'Eschatologie Engagée pour la présence chrétienne dans la société*, Cotonou, Adonaï-Yireeh, 2016.

BARTH Karl, *L'Église*, Genève, Labor et Fides, 1964.

POHOR Rubin, COULIBALY Issiaka, sous dir., *Églises, Élections politiques et Développement en Afrique Contemporaine*, Abidjan, Fateac, 2016.

PACKER J. et al., *Le monde du Nouveau Testament*, Miami, Vida, 1987.

Actes du Dialogue National, http://www.sangonet.com/actu-snews/CSDN/DN/actdn.htm.

GOBERT Stéphane, *Histoire des idées politiques XVIe siècle*, http://www.histoire-geo.org/Partenaire/gobert/gobert_seizieme. html

« Les réformes religieuses du XVIe siècle », http://www.histoire-france.net/temps/reforme/

Chapitre 5 : De l'indépendance au multipartisme et perspective biblique

ANDRIA Solomon, *Église et mission à l'époque contemporaine*, Yaoundé, Éditions CLÉ, 2007.

BOUCHARD J-C., *et al.*, « Message de Noël. Paix sur la terre », Conférence épiscopale du Tchad (Cet), N'Djamena, 2011.

BOURDANNÉ Daniel, « Entre deux feux ennemis », *Le Communicateur* n°23, septembre 1994, p. 9 et n°24/25, mars 1995.

COULIBALY I., POHOR R., sous dir., *Dieu, la terre, la guerre*, Abidjan, Les Presses de la FATEAC, 2017.

DAIDANSO D. René, *Les missions et églises évangéliques au Tchad*, Cotonou, PBA, 2015.

DORCE F., KOUNDOU-CAYATTE F., « XIXe Sommet France-Afrique : Les Africains prennent leurs responsabilités », *Jeune Afrique économie (Jae) 231*, 1996.

« Entre traditions et modernité. Quelle gouvernance pour l'Afrique », http://www.institutgouvernance.org/docs/actes_bamako-2-3.pdf.

GOZZO J., *Le chrétien et la politique*, Niamey, inédit, 1987.

MIAOS P., *Le Mnrcs et la persécution des chrétiens au Tchad, 1973-1975, 1999*, cité par M. Stone, *Est-on disciple ou chrétien seulement ?* Moundou, Tchad, Imprimerie de Koutou, 2007.

NDOMBA M., « Responsabilité sacrée : Paradigme du rapport éthique entre le pouvoir politique et religion », dans *Théologie Africaine, Églises et Sociétés. Pluralisme religieux et défis de paix et de développement,* 2016.

POHOR, R. COULIBALY I., sous dir., *Églises, élections politiques et développement en Afrique contemporaine,* Abidjan, Les Presses de la FATEAC, 2016.

ZOKOUÉ I., « Christianisme en Afrique et perspectives », dans *Christianisme authentique en Afrique contemporaine*, R. Pohor et I. Coulibaly, sous dir., Abidjan, Les Presses de la FATEAC, 2014.

Chapitre 6 : Pour un engagement politique chrétien en Afrique

1. Ouvrages généraux

ANDRIA Solomon, *Réveils en Afrique, théologie évangélique*, la Bégude de Mazenc, édition IMEAF, vol. 7 n°1, 2008.

ANDRIA Solomon, *Romains*, collection Commentaires Bibliques Contemporains, Yaoundé, éditions CLÉ, LivresHippo, 2013.

CAUSSÉ Guy, *L'histoire des hommes nous concerne tous. De l'humanitaire à l'humanisme, l'itinéraire d'un médecin du monde*, Montrouge, Bayard, 2014.

DECAUX Alain, *L'avorton de Dieu, une vie de saint Paul*, Paris, Éditions Perrin, 2005.

MÉBARKI Farah, PUECH Émile, *Les Manuscrits de la mer Morte*, Paris, Éditions du Rouergue, 2002.

MÉTRAUX Jean-Claude, *Deuils collectifs et création sociale*, Paris, Éditions La dispute, 1995.

MÉTRAUX Jean-Claude, *La migration comme métaphore*, Paris, Éditions La dispute, 2004.

2. Ouvrages spécifiques

La Bible TOB, Paris, Éditions du Cerf, 2004.

Dictionnaire biblique pour tous, Valence, Éditions LLB, 1994.

Encyclopédie biblique, la Bégude de Mazenc, 9ᵉ Édition par Frank REISDORF-REECE, La croisade du livre chrétien, 1974.

Étude perspicace des Écritures, vol. 1 et vol. 2, London, Édition pour la France The Kingdom Hall Trust, 1997.

3. Personnes ressources

Dr COLLIN Maurice, Méd. Humanitaire de l'ONG Santé & Développement.

Dr RAKOTONIERA Christian Éric, Faculté de Théologie Ravelojaona, Antananarivo.

Dr RAKOTONIRINA David, President-Bishop of Malagasy Lutheran Church.

Dr RAZAFINDRAKOTO Andrianoelina Georges, École Supérieure Luthérienne de Théologie, Fianarantsoa.

Présentation des auteurs

Chapitre 1 : *Démocratie, le mot et ses contours*
Auteur : Mamy RAHARIMANANTSOA
Pasteur de l'Église Unie de Suède.
Bibliste, évangélique, historien, actuellement enseignant à l'Université Protestante de Brazzaville.

Chapitre 2 : *La théologie et la politique*
Auteur : Énoch TOMPTÉ-TOM
Maître de conférences, Directeur académique, de la recherche et de publications. Coordinateur du programme de leadership à la Faculté de Théologie Évangélique de Bangui (FATEB), République Centrafricaine.

Chapitre 3 : *Église et démocratie en Afrique*
Auteur : Jean Patrick NKOLO FANGA
Pasteur de l'Église Presbytérienne du Cameroun.
Enseignant de théologie pratique à la Faculté de Théologie Évangélique de Bangui (FATEB), République Centrafricaine.

Chapitre 4 : *L'Église et l'avenir de la politique en Afrique*
Auteur : Afolabi Ghislain AGBEDE
Enseignant-chercheur, Secrétaire général de l'Institut Universitaire de Développement International (IUDI), Mokolo, Cameroun.

Chapitre 5 : *De l'indépendance au multipartisme et perspective biblique*
Auteur : BARKA Kamnadj
Ancien à l'Assemblée Chrétienne Alliance Missionnaire (ACAM),
Secrétaire Itinérant des Groupes Bibliques Universitaires d'Afrique Francophone de 1993 à 2013.

Chapitre 6 : *Pour un engagement politique chrétien en Afrique*
Auteur : Oliva RAZAKA
Ancien de la Marine Nationale.
Journaliste freelance.
Membre du Conseil du Fampihavanana Malagasy (CFM)
(Comité pour la Réconciliation Nationale).

Table des matières

www.ingramcontent.com/pod-product-compliance
Lightning Source LLC
Chambersburg PA
CBHW060403090426
42734CB00011B/2244